흔히 '튤립(TULIP)'으로 알려진, 도르트 신조에 담긴 다섯 가지 신앙 항목은 개혁신학을 성경의 올바른 가르침으로 믿는 장로교회에 아주 중요하고 핵심적인 내용들입니다. 이 다섯 항목은 하나님의 긍휼과 예수 그리스도의 은혜, 그리고 인간의 부패와 무능을 반영하는 신론, 기독론, 그리고 인간론의 바탕 위에서 더 말할 길이 없는 하나님의 자비로움을 요약적으로 제시합니다. 하나님의 율법 앞에 영원한 진노와 저주를 받을 수밖에 없는 죄인에게 생명의 구원이 주어지는 길을 열어주며, 그 길에서 결코 최종적으로 완전히 버리지 않으시는 하나님의 신실한 구원을 밝혀줍니다. 이 책의 저자는 설교를 통해 이 중요한 신앙 교훈을 설득력 있게 그리고 알기 쉽게 전합니다. 책의 구성은 설교를 전개하는 본문 페이지의 좌우 여백마다 본문에 해당하는 도르트 신조를 덧붙여서 그 강설의 교리적 신뢰를 굳건히 합니다. 아울러 이 책이 전하는 'SOLA'의 다섯 가지 표어는 종교개혁 신학의 근간을 세우는 척추와 같습니다. 성경만이, 그리스도만이, 은혜만이, 믿음만이 우리의 구원을 위한 유일한 길이며, 이 모든 구원의 은혜는 오직 하나님께만 영광이 있음을 찬양한다는 종교개혁의 신학은 모든 개신교 신앙의 초석입니다. 이 책의 저자는 역시 설교로 이 중요한 신앙을 쉽고 또한 풍미롭게 풀어냅니다. TULIP과 마찬가지로 본문 페이지의 좌우 여백마다 각 장의 내용과 관련된 하이델베르크 교리문답과 웨스트민스터 대교리문답을 덧붙여 주고 있는 것은 'SOLA'의 다섯 표어를 더욱 구체화합니다. 이 책은 단순한 설교집을 훨씬 넘어섭니다. 교리 강설을 성경 강설로 풀어내는 훌륭한 개혁신학의 실천적 구현이자, 이를 교회 현장과 성도들을 염두하며 읽고 배우기 쉽게 풀어낸 탁월한 교육적-목회적 결과물입니다.

**김병훈**_ 합동신학대학원대학교 조직신학 교수, 나그네교회 담임 목사


교리를 설교할 때 어려운 점은, 이것이 단지 지적인 탐구에서 그치는 경우가 많다는 것입니다. 이 책은 견실한 한 지역 교회의 목회자로서, 또 좋은 성경 교사로서 저자가 가진 역량을 잘 보여줍니다. 'TULIP'과 '5 SOLA'는 그 내용과 지향이 명확하고 엄밀하기에 다루기가 만만치 않고, 실제로도 지금껏 많은 오해와 오독은 물론, 그로 인해 숱한 논쟁들을 낳은 교리입니다. 이중 예정이나 제한 속죄 등과 같은 주제가 대표적입니다. 저자는 이를 애매하게 돌려 말하지 않고 본인의 신학적 입장에서 간결하고 명확하게, 그리고 성경 본문을 설교하는 방식을 통해 쉽고 은혜롭게 설명해 나갑니다. 또한 기존 문화 내러티브의 문제를 드러내는 방식으로의 대항적 교리문답 읽기

를 시도합니다. 저자는 현대 그리스도인들이 여전히 부와 명예, 성공이나 개인주의 등과 같은 세상의 가치관에서 벗어나지 못하고 있음을 지적하고, 교회가 어떻게 하면 세속 가치관에 반하는 기독교적 문화 내러티브를 제시할 수 있을지에 대한 단초를 TULIP과 5 SOLA를 통해 제시합니다. 이 책은 교리를 어려워하는 시대에 교리 설교에 대한 좋은 길을 제시합니다. 혼탁한 시대 가운데, 오래된 교리가 여전히 우리의 대안이 될 수 있음을 다시 한번 돌아보게 합니다. 많은 분들께 일독을 권합니다.

"여호와께서 이와 같이 말씀하시되 너희는 길에 서서 보며 옛적 길 곧 선한 길이 어디인지 알아보고 그리로 가라 너희 심령이 평강을 얻으리라"(예레미야 6:16, NKRV)

**고상섭**_ 그사랑교회 담임 목사


따뜻한 아이스 아메리카노가 여기 있습니다! "무엇을 드릴까요?" "따뜻한 아이스 아메리카노 1잔 주세요." "..." 이런 대화가 오간 상황을 상상한다면 누구나 실소를 금하지 못할 것입니다. 따뜻한 아이스 아메리카노가 과연 세상에 존재할까요? 하지만 이 둘을 함께 마실 수 있다면 독특하면서도 매우 재미있는 상황이 될 것 같습니다. 매력적이지 않을까요? 따뜻한 아메리카노로 냉담한 가슴에 불을 붙이고, 시원한 아메리카노로 뜨거운 머리를 식힐 수 있다면 말입니다. 이번에 출간된 이수환 목사님의 '은혜의 정원, 성경과 신앙고백으로 만나는 종교개혁 신앙'이 바로 그런 따뜻한 아이스 아메리카노와 같은 책입니다.

TULIP과 5 SOLA는 여전히 신학교 강의실의 전유물처럼 여겨집니다. 하지만 저자는 이것을 강단으로 가지고 와서 냉담한 가슴에 불을 붙이고, 뜨거운 머리를 시원하게 하는 따뜻한 아이스 아메리카노로 만들어 성도들에게 제공했습니다. 독자는 이 책을 읽는 가운데 위대한 설교자로 추앙받는 마틴 로이드 존스가 말한 '불붙은 논리'(logic on fire)가 무엇인지를 경험하게 될 것입니다. 기독교(종교개혁) 교리가 이렇게 따뜻하면서도 시원할 수 있다는 것을 새삼 알게 될 것입니다. 이 책을 통해 따뜻하면서도 시원하고, 열정적이면서도 논리적인 기독교(종교개혁) 교리의 진수를 풍성히 맛보고 즐기고 누릴 수 있기를 진심으로 바랍니다.

**고한율**_ 은곡교회 담임 목사

이 책은 '도르트 신조'와 '5 SOLA'를 해설한 책입니다. 도르트 신조는 1618년, 네덜란드 도르트레흐트에서 개막하여 1619년까지 진행된 세계 교회 회의에서 작성되고 채택된 신앙 문서입니다. 당시 교회는 인간의 자유의지와 하나님의 은혜를 두고 논쟁 중이었습니다. 아르미니우스주의가 인간의 선택을 과도하게 강조하여 하나님의 은혜를 약화시킬 때, 개혁교회는 성경에 기초하여 구원의 시작과 완성이 전적으로 하나님의 은혜에 있음을 선언했습니다. 그 결과가 바로 도르트 신조입니다.

5 SOLA는 1517년 루터에 의해 촉발된 종교개혁의 기치 아래 등장한 여러 신학적 논의들을, 후대에 교회와 신학자들이 다섯 가지 주제로 간결하게 정리한 것입니다. 제가 이 책을 기꺼이 추천하는 이유는, 저자가 도르트 신조와 5 SOLA의 핵심을 쉽고 명료하게 풀어내고 있기 때문입니다. 저자의 해설은 종교개혁과 도르트 신조에 대한 사전 지식이 없는 사람들까지도 그 깊은 진리를 깨닫게 할 만큼 친절하고 섬세합니다. 이 책은 많은 이들이 기독교 신앙의 핵심을 바르게 이해하고 굳건히 붙들도록 인도할 것입니다.

**김태희**_ 비전교회 담임 목사

어떤 일에서든 본질을 잃지 않는 것, 또 본질을 회복하는 일은 매우 중요합니다. 자신의 정체성이 어디서부터 출발했는지를 알게 하고, 잘못된 길에서 돌이켜 바른 길로 돌아오는 지름길이 되기 때문입니다. 이런 점에서 우리 신앙의 선배들이 믿음의 본질을 정리하여 언제든 바른길로 되돌아올 수 있도록 귀중한 신앙문서들을 남겨놓은 것은 참 다행스러운 일이라고 할 수 있습니다. 한국 장로교회가 신앙의 표준으로 삼는 〈웨스트민스터 표준 문서들〉(1640년대)은 물론 유럽의 개혁 교회들이 교회의 일치를 위한 3대 신앙 문서로 생각하는 〈벨직 신앙고백〉(1561), 〈하이델베르크 교리문답〉(1563) 그리고 〈도르트 신조〉(1619)는 성도가 항상 읽고 배우며 적용해야 할 소중한 믿음의 유산입니다.

저자가 목회를 하는 교회에서 함께 섬기며 이런 믿음의 유산을 설교로 들을 수 있었다는 것은 정말 큰 유익이었습니다. 'TULIP'과 '5 SOLA'에 대한 메시지가 선포될 때 성도들 마음에 신앙의 꽃이 피어나는 걸 느낄 수 있었습니다. 철저히 성경을 토대로 하여 견고한 교리적 설명과 친절한 실천적 적용이 어우러졌던 설교가 이렇게 책으로 출간되어 많은 이들이 함께 볼 수 있게 되었음에 기쁘고 감사합니다. 저자의 설명처럼 '우리의 믿음을 세우고 견고하게 떠받치는 믿음의 다섯 기둥'이 이 책을 읽는 모든 그리스도인들 안에 굳게 세워질 줄 믿습니다.

**박성일**_ 강변교회 목사

개인적으로는 객관식 정답 맞히기에 익숙한 세대여서인지, 성경이나 교리 역시 어떤 틀에 맞춰 정리하거나 암기하는 것이 때론 더 편하게 느껴집니다. 그러다 보니 종교개혁 선배들의 다섯 오직(5 SOLA)이나 흔히 칼빈주의 5대 교리라고 불리는 TULIP에 대해서도 입시 교과서 공부하듯 접근하다가, 스스로의 신앙에 어떤 규범적인 틀이 씌워지는 듯한 경험을 한 적이 있습니다. 사실 정말 중요한 것은, '우리는 과연 무엇을 믿는가?'라는 질문에 제 삶을 통해 전인격적인 대답을 할 수 있느냐 하는 것인데 말입니다.

지난 2021년과 2022년의 종교개혁 주일을 즈음하여 저자가 이를 주제로 시리즈 설교 특강을 했을 때, 저는 교리 자체에 대한 해설보다도, 성도들이 신앙의 본질에 대한 깊은 성찰의 질문을 던지고 그에 대한 해답을 찾아갈 수 있도록 이끌어내는 좋은 설교를 접한 것에 대해 기쁘고 감사했던 기억이 납니다. 사회생활을 하며 가장 힘들었던 시기였는데, '신앙생활은 현실을 살아가는 것, 믿음은 내 앞에 놓인 어려운 신앙생활을 살아내도록 돕는 것, 때로는 그 현실 가운데 넘어지지만 다시 일어나도록 돕는 하나님의 위로의 손길이며, 우리에게 힘을 주시는 성령님의 역사'라는 말씀에 큰 위로를 받았던 기억도 납니다.

그때의 설교들이 서적으로 다듬어져 출판되어 강변교회 성도로서 참으로 귀하고 감사한 일이라 여깁니다. 널리 읽혀 말씀과 신앙에 대한 성도들의 이해가 단단하고 깊어지는데 큰 도움이 되기를 기대합니다.

**이진수**_ 강변교회 장로

은혜의 정원

# 은혜의 정원

성경과 신앙고백으로 만나는 종교개혁 신앙

이수환

TULIP 5SOLA

지우

차례

머리말 · 9

## 1부 TULIP

1 전적 부패, 전적 은혜 · 17
2 무조건적 선택, 두 나사로 이야기 · 31
3 제한 속죄, 잃어버린 자를 찾아 구원하려함이라 · 47
4 불가항력적 은혜, 하나님의 은사와 부르심 · 61
5 성도의 견인, 온전하게, 굳건하게, 강하게, 견고하게 · 79

## 2부 5 SOLA

1 오직 성경 · 99
2 오직 그리스도 · 113
3 오직 은혜 · 127
4 오직 믿음 · 143
5 오직 하나님께 영광 · 155

# 머리말

저의 신앙과 신학, 목회를 이전과 이후로 나누는 구분점은 2004년 합신 2학년 때, 김병훈 교수님의 '도르트 신경의 이해'라는 수업이었습니다. 사실 도르트 신조가 무엇인지, TULIP이 무엇인지 제대로 알지도 못한 채, 그저 교수님이 좋아서 들은 수업이었습니다. 무언가 특별한 것을 배운다는 자부심과 허영, 이제 갓 신학을 배운 전도사 초년생의 교만함이 어지러이 뒤섞여 있던 부끄러운 시기였습니다.

그러나 그러한 저의 마음은 수업 첫 시간에 여지없이 깨졌습니다. 매 시간마다 저는 저의 믿음을 점검하고 그 내용을 다시 써 내려가야 했습니다. 그 수업을 듣는 한 학기 동안 엄청난 지적 자극을 받은 것은 당연합니다. 그러나 그보다 더 큰 것은, 하나님께서 주시는 은혜였습니다. 내 구원이 내가 아닌 하나님께서 주신 것이라는 사실이 주는 위로와 소망, 그리고 여전히 포기하지 않고 있던 '나'라는 우상이 깨어지며 터져 나올 수밖에 없는 회개의 몸부림이었습니다. 그래서 그 수업 시간은 어려운 강의 내용으로 머리가 복잡했을 뿐만 아니라, 수업이 마칠 때 즈음에는 북받쳐 오르는 눈물을 참기가 어려웠습니다. 수업이 끝나고 노트를 정리하며 내용을 복기할 때는 강당에 올라가 하나님 앞에 엎드릴 수밖에 없었습니다. 저는 그 수업 시간에 도르트 신조를 통해 '복음'을 듣고 깨달았습니다.

그리고 몇 년이 지난 후 다시 한번 비슷한 경험을 했습니다. 이번에는 코르넬리스 프롱크가 쓴 『도르트 신조 강해』(황준호 역, 그 책의 사람들)라는 책 때문이었습니다. 신학교를 졸업하고 사역 현장에서 정신없이 살아가던 중에 이 책을 만났습니다. 그리고 한동안 잊고 있던 은혜의 복음 앞에 다시 엎드릴 수밖에 없었습니다. '도르트 신조'의 복잡하고 어려운 내용들이 이 책을 통해 '은혜의 설교'로 다가왔습니다. 이 책은 하나님께서 제게 주신 은혜의 광대함과 위대함을 조금이나마 엿보고 맛보며 경험하는 통로였습니다.

'다섯 오직'도 제게는 교리가 아닌 '복음의 설교'로 먼저 다가왔습니다. 제가 섬기던 교회의 말씀 속에서, 제가 공부한 신학교의 가르침 속에서, '다섯 오직'은 든든한 기둥이 되어 저의 믿음과 삶을 지탱해 주었습니다. '다섯 오직'을 구호처럼 외치진 않았지만, 이것이 우리의 모든 것을 세우고, 유지해 주고 있었습니다. 거대한 건물의 구조를 정교하게 설계된 기둥들이 넉넉히 버텨내고 있는 것처럼 말이죠. 또한 성도들과 저 스스로에게 질문했던 수많은 신앙과 신학의 문제들 앞에 '답' 혹은, '답으로 가는 길'을 선명하게 가르쳐 주는 안내자가 되어 주었습니다. '다섯 오직'은 제가 끝까지 붙잡고 전해야 할 것이 무엇인지에 대한 선명한 지침이었습니다. 'TULIP'과 '다섯 오직'은 저의 신앙과 신학, 목회와 사역의 기둥이자 터입니다. 저는 '다섯 오직'이라는 기둥과 터가 든든한 교회에서, 또한 'TULIP'이 예쁘게 꽃핀 하나님의 은혜의 정원에서 그 유익을 누리며 살아왔습니다. 이것이 제가 받은 큰 은혜입니다.

이 소중한 은혜를 제가 누린 만큼 성도들과 충분히 나누지 못했다는 아쉬움이 늘 있었습니다. 부족하나마 설교로 이 은혜를 나누고 싶었습니다. 이 책은 종교개혁 기념주일을 즈음해서 2021년 가을에 전한 '다섯 오직'에 대한 설교들과, 역시 2022년 가을에 전한 'TULIP'에 대한 설교들을 모아 엮은 것입니다. 직접적으로 도르트 신조를 인용하거나 해설하지는 않았습니다. 성경의 본문에서 그 내용들을 찾아 전하는 것을 목표로 삼았습니다. 성도들이 쉽게 이해하고 그 가운데 은혜를 누리기를 바랐기에 신학적인 논쟁이나 어려운 해석은 되도록 지양했습니다. 이런 점이 혹시라도 이 귀한 신앙의 유산들을 너무 가볍게 만들지 않았나 하는 염려도 있습니다.

그러나 주님께선 제가 쓴 글의 모자람과 부족함을 여러 손길을 통해 채워주셨습니다. 먼저 설교로 쓰인 구어체의 글을 단행본에 적합한 글로 다듬고, 책의 내용과 어울리는 정갈한 표지와 내지를 디자인해 주신 지우에게 깊이 감사드립니다. 무엇보다 오랜 기간 애써서 번역하고 다듬은 신앙고백과 교리문답들을 저의 글과 함께 책에 담을 수 있도록 허락해 주신 '그 책의 사람들'의 한재술 대표님께도 깊이 감사드립니다. 도르트 신조 전문과 다섯 솔라의 각 항목에 맞춰 발췌된 하이델베르크 교리문답과 웨스트민스터 대교리문답으로 인해, 이 책이 보다 많은 분들께 유익이 될 거라 확신합니다. 오랜 친구이자 같은 믿음의 길을 걸어가는 동지인 이재웅, 한재술 두 분의 우정과 격려에 늘 감사드립니다.

저에게 복음의 영광을 깨닫게 하시고, 신학과 신앙, 목회의 방향을 이끌어주시며, 도르트 신조뿐만 아니라 개혁주의 신학의 아름다움과 풍성함을 알려주신 김병훈 목사님께 고개 숙여 깊이 감사를 드립니다. '성경과 교리를 성실히 가르치는 교회의 신실한 교사가 돼라'는 말씀은 제 평생의 좌우명입니다.

부족한 목사와 함께 교회를 이루는 수고를 마다하지 않는 강변교회의 교우들에게 깊은 존경과 감사의 맘을 전합니다. 각자의 자리에서 지금도 주의 복음을 전하는 사역에 전념하는 많은 믿음의 친구들, 동역자들에게 감사와 응원의 인사를 전합니다.

늘 저를 위해 기도하고 함께하는 가족들, 사랑하는 아내 진숙, 아들 선우, 딸 지우에게 늘 미안하고, 고맙습니다.

마지막으로 병상에서 주의 은혜를 간구하며 천국의 소망 가운데 계시는 아버지와, 그 아버지를 돌보시느라 지극한 수고를 다하고 계시는, 자기를 버려 섬기는 예수님의 사랑을 보여주시는 어머니께 이 책을 드립니다.

저자 이수환

# 1부
# TULIP

✚ 엡 2:1-7

"그는 허물과 죄로 죽었던 너희를 살리셨도다. 그 때에 너희는 그 가운데서 행하여 이 세상 풍조를 따르고 공중의 권세 잡은 자를 따랐으니 곧 지금 불순종의 아들들 가운데서 역사하는 영이라. 전에는 우리도 다 그 가운데서 우리 육체의 욕심을 따라 지내며 육체와 마음의 원하는 것을 하여 다른 이들과 같이 본질상 진노의 자녀이었더니, 긍휼이 풍성하신 하나님이 우리를 사랑하신 그 큰 사랑을 인하여, 허물로 죽은 우리를 그리스도와 함께 살리셨고 (너희는 은혜로 구원을 받은 것이라) 또 함께 일으키사 그리스도 예수 안에서 함께 하늘에 앉히시니, 이는 그리스도 예수 안에서 우리에게 자비하심으로써 그 은혜의 지극히 풍성함을 오는 여러 세대에 나타내려 하심이라"

# 전적 부패, 전적 은혜

TULIP
1

하나님의 은혜를 실제로 경험하는 것은 정말로 특별하고 놀라운 일입니다. 저는 모든 그리스도인들이 이 은혜를 경험하시길 바라고 소원합니다. 그런데 하나님을 경험한다고 할 때 구체적으로 이 경험은 무엇을 말하는 것일까요? 어떤 이들은 특별한 체험이나 현상, 기적 등을 말합니다. 그러나 실제로 우리가 하나님의 은혜를 경험하는 통로는 훨씬 일반적입니다. 그래서 우리의 어떤 자격이나 공로에 상관없이 하나님을 사모하는 모든 자들은 그 은혜를 경험할 수 있습니다.

: **도르트신조** :

▶ **셋째·넷째 교리**: 사람의 부패, 하나님께로의 회심과 그 회심이 일어나는 과정 (총 17항 중 6항까지)

---

\* 편집자주: 도르트 신조는, 야코부스 아르미니우스의 제자들이 정리하여 1610년 네덜란드 정부에 제출된 항론(Remonstrance)이라는 문서에 대한 답변으로 도르트 회의(1618-1619)에서 정리된 것이고, TULIP은 도르트 신조에 담긴 5항목의 앞글자를 따서 만든 두문자어(頭文字語, Acronym)로 후대에 기억과 교육의 용이함을 위해 만들어진 말이다. 도르트 신조의 원래 순서는 항론에 담긴 주장의 순서에 따라 무조건적 선택(U), 제한 속죄(L), 전적 타락(T)

과 불가항력적 은혜(I, 항론파는 3, 4항을 따로 제시했지만 도르트 신조는 이 둘을 합쳐 '제3·4장'에서 다루었다), 성도의 견인(P)의 순서로 되어 있다. 이 책의 저자는 TULIP의 순서에 따라 저술했고, 따라서 그 흐름에 맞추고자 도르트 신조의 '제3·4장' 부분을 전적 타락에 해당하는 1-6항과 불가항력적 은혜에 해당하는 7-17항, 이렇게 둘로 나누어 게재했다. 항론파의 오류를 지적하는 항목도 앞서 얘기한 방식에 따라 오류 1-4와 5-9로 나누어 게재했다.

## 구원, 가장 놀랍고 근본적인 은혜의 경험

가장 중요하고 본질적인 은혜의 경험은 바로 '말씀과 성례'입니다. 믿음의 선배들은 이를 '은혜의 수단'(방편)이라 불렀습니다. 우리는 선포되는 말씀 속에서 하나님의 음성을 듣고, 하나님을 알며, 하나님과 깊은 교제를 누립니다. 또한 성찬을 통해 우리를 위해 찢기신 그리스도의 몸과 흘리신 그리스도의 피를 먹고 마시며 우리를 죄에서 건지신 대속의 은혜를 경험합니다. 세례를 받을 때 그리고 세례 받는 자를 볼 때, 우리를 구원하사 교회의 한 몸으로 삼으시고 거룩하게 하시며 성령으로 새 힘을 주시는 능력의 역사를 보고 경험합니다. 그런데 이 모든 은혜의 경험들을 가능하게 하는 근본적이고 위대한 은혜의 경험이 있습니다. 예수님을 구주로 믿는 모든 사람은 이미 다 경험한 것입니다. 바로 '구원'입니다.

'구원'은 단지 우리의 마음이나 생각, 지식이 바뀌는 내적 변화도 아니고, 혹은 만나고 사귀는 그룹이나 호칭, 이름 앞에 붙는 수식어가 바뀌는 사회적 변화도 아닙니다. 물론

이 모든 것을 포함하고 있지만 구원은 더 깊은 본질적인 변화를 일으킵니다. 구원은 우리의 전인격이 하나님의 은혜로 새로워지는, 그래서 우리의 몸과 영혼 모두가 하나님의 은혜를 경험하고 누리며 실제로 소유하게 되는 놀라운 사건입니다. 그 어떤 신비 체험보다, 그 어떤 기적이나 은사나 능력보다 가장 놀랍고 근본적인 은혜의 경험입니다.

## TULIP

우리 믿음의 선배들은 바로 이 구원의 은혜에 대한 성경의 가르침을 잘 정리했습니다. 이는 전적 타락(Total Depravity), 무조건적 선택(Unconditional Election), 제한 속죄(Limited Atonement), 불가항력적 은혜(Irresistible Grace), 성도의 견인(Perseverance of Saints)이라 불리는 교리들입니다. 많은 이들이 이 다섯 교리의 앞글자를 따서 'TULIP'이라고 부릅니다. TULIP은 복잡하고 어려운 교리도, 칼빈주의자들만의 구호도 아닙니다. 이는 성경이 말하는 구원의 도리이자 은혜의 다른 이름이며, 우리가 하나님께 올려드려야 할 감

**1항: 타락이 사람의 본성에 끼친 영향**

사람은 본래 하나님의 형상을 따라 지음 받았다. 하나님께서는 사람의 지성은 사람을 창조하신 하나님과 영적인 일들에 대한 참되고 유익한 지식으로 채워주시고, 사람의 의지와 마음은 의롭게, 정서는 순결하게 지으셨다. 참으로 사람의 모든 면이 거룩했다. 그러나 사람은 마귀가 유혹하자 자유의지로 하나님을 거슬러 반역함으로써 하나님께서 주신 이 탁월한 은사들을 스스로 상실했다. 그리하여 이 탁월한 은사들을 대신하여 사람의 지성은 무지와 끔찍한 어둠과 헛된 생각과 왜곡된 판단에 사로잡히게 되었고, 마음과 의지는 사악하고 패역하고 완고해졌으며, 그의 모든 정서는 불결하게 됐다.

**2항: 부패의 확산**

타락 후 사람은 자기 자신과 똑같은 본성의 자녀들을 낳았다. 다시 말하면 사람은 부패한 존재로서 부패한 자녀들을 낳은 것이다. 이 부패는 오직 그리스도 한 분만을 제외하고는, 하나님의 공의로운 심판을 따라 아담으로부터 그의 모든 후손에게 퍼졌다. 이는 이전에 펠라기우스주의자들이 주장한 것처럼 모방에 의해서가 아니라, 사악한 본성이 유전됨으로 일어난다.

사와 찬송의 이유입니다. 우리가 받은 구원이 얼마나 놀랍고 위대하며 아름다운 것인지를 알게 합니다. 그래서 저는 이를 '우리의 믿음을 세우고, 견고하게 떠받치는 믿음의 다섯 기둥'이라고 부르려 합니다.

개인적으로는 제가 진정으로 회심하고 그리스도인이 되는 과정에 이 다섯 기둥이 있었습니다. 이전까지는 복음이 무엇인지 명확히 몰랐습니다. 뿐만 아니라 내가 이 은혜를 삶 가운데 실제로 경험하는지 알 수도 없었습니다. 매우 피상적인 지식과 임의적이고 순간적이며 말초적인 경험을 은혜의 경험이자 구원의 증거라고 생각했습니다. 그러나 처음 이 다섯 주제를 배우고 나서야 성경이 말하는 복음, 구원의 은혜가 무엇인지, 제가 받은 구원이 얼마나 위대하고 놀라운 것인지를 깨닫게 되었습니다. 깊은 회개와 감사의 눈물을 흘렸던 기억이 납니다. 여러분에게도 같은 은혜가 임하기를 바랍니다.

**전적 타락, 은혜의 시작**

먼저 믿음의 첫 번째 기둥인 '전적 타락'을 함

께 살펴보겠습니다. 사람이 나쁘고 악하다는 것은 우리 모두가 다 아는 사실입니다. 인간의 악함을 설명할 때 '전적 타락'이라는 말보다 좋은 설명도 없는 듯합니다. 성경의 교훈이 아니어도, 우리는 사람이 얼마나 악한지 이미 너무나 잘 압니다. 우리 자신과 주변에서 얼마든지 경험합니다. 우리는 겉으로는 선한 일을 하면서도 속으로는 온갖 탐욕을 품거나 악행을 계획합니다. 심지어 하나님 앞에서 가장 거룩한 일을 하면서도 속으로는 자신의 만족을 추구하거나 자기를 높이는 일에 마음을 둡니다. 우리는 이미 그렇게 살고 있습니다. 겉으로 보이는 행위와 보이지 않는 마음 모두에서 진실된 그 어떤 것도 기대할 수 없는 것이 우리의 모습입니다.

'전적 타락'이라는 말은 우리가 나쁘다, 악하다는 의미만은 아닙니다. 이는 우리의 본질적인 성격, 우리가 감추려 하지만 감출 수 없는 진짜 모습을 드러내는 말이기도 합니다. 즉, 죄와 타락이 우리의 삶, 존재, 생각, 행동 모든 면에 광범위하게 그리고 매우 깊게 영향을 끼치고 있다는 것을 의미합니다. 그래서

3항: 전적무능

따라서 모든 사람이 죄 중에서 잉태되며 진노의 자녀로 태어난다. 구원받을 만한 어떠한 선도 행할 수 없고, 항상 악을 행하며, 자기 죄 가운데 죽었고, 죄의 노예다. 사람은 성령님의 중생하게 하시는 은혜가 없이는 하나님께로 돌아오거나, 타락한 본성을 고치거나, 하나님께서 자신들을 새롭게 하시도록 내어드리려고 하지도 않으며 할 수도 없다.

## 4항: 불충분한 본성의 빛

물론 타락 후에도 사람에게는 본성의 빛이 어느 정도 남아 있다. 그래서 사람은 하나님과 세상 만물과 선과 악의 차이에 대해 약간의 지식을 갖고 있으며, 덕과 외적 선행에 어느 정도 열의도 지니고 있다. 그러나 사람은 이 본성의 빛으로는 구원에 관한 하나님의 지식을 알 수 없으며, 참되게 회심할 수도 없다. 게다가 사람은 지금까지도 자연계에 관련된 일들과 사회적인 일들에서조차도 이 본성의 빛을 올바르게 사용하지 않는다. 그보다도 이 본성의 빛의 특성이 정확히 어떤 것이든 여러 방법으로 이 빛을 왜곡하고 불의로 이 빛을 억누른다. 그렇게 함으로써 사람은 스스로 하나님 앞에서 핑계할 수 없게 된다.

사람은 때로는 선행도 행하고 악행도 저지르지만 그 이면에는 우리가 모두 죄의 무섭고 고통스러운 영향 아래에 있음을 알려줍니다.

제임스 몽고메리는 사람에 대한 세 가지의 관점이 있다고 설명합니다.[1] 첫 번째는 '사람은 건강하다'고 믿는 '낙관주의적 관점'입니다. 사람은 항상 옳고, 그래서 발전하고 있다고 믿습니다. 작은 문제들이 발생할 수 있지만 그것 역시 장애가 되지 않는다고 생각합니다. 그래서 인간의 역사는 계속 진보하고, 사람들의 육체와 정신, 도덕과 윤리의 수준 역시 계속 상승한다고 믿습니다. '진화론'이 대표적입니다. 그러나 이러한 믿음이 얼마나 부질없고 의미 없는 것인지 이미 잘 알고 있습니다. 인류의 역사는 발전하는 것 같지만 실제로는 퇴보하는 일들이 무수히 일어납니다. 여전히 갈등과 분열은 반복되고, 전쟁이 일어나며 고통은 사라지지 않습니다. 인간의 윤리와 양심은 발전하기보다는 퇴보하고, 사회문제는 여전히 반복되고 심화됩니다.

---

1  제임스 몽고메리 보이스, 필립 그레이엄 라이큰, 『개혁주의 핵심』, 이용중 역, 부흥과 개혁사, 2010, p103-104.

두 번째 관점은 '사람은 치명적인 병에 걸렸다'라고 믿는 '현실주의적 관점'입니다. 실제로 삶을 살아보니 첫 번째 관점은 말이 안된다는 것을 알게 됩니다. 우리의 삶에는 수많은 문제와 고통이 따라옵니다. 때로는 가볍고 때로는 생명과 존재에 위협이 될 정도로 치명적입니다. 이 관점은 그 수많은 고통과 문제들을 말 그대로 질병, 결함, 실수, 부자연스러운 상태로 이해합니다. 그래서 병에 걸린 사람 스스로 이 문제를 해결할 수 있거나, 혹은 다른 사람, 병에 걸리지 않았거나 다른 사람보다 조금은 더 건강하고 나은 사람이 문제를 해결해 줄 수 있을 것이라 믿습니다. 결국, 첫 번째 관점과 크게 다르지 않습니다. 사람은 병에 걸렸지만 얼마든지 자신과 타인의 힘과 노력으로 회복과 발전을 이룰 수 있다고 믿기 때문입니다.

이러한 관점은 교회의 복음 이해에도 상당한 영향을 주어 복음을 왜곡시켰습니다. 이러한 관점으로 복음을 이해하면, 죄인은 병에 걸려 침상에 누워있는 환자입니다. 하나님은 그에게 '복음'이라는 치료약을 제공해

---

**5항: 율법의 불충분함**

본성의 빛에 대한 이러한 사실은 하나님께서 모세를 통해 유대인들에게 특별히 주신 십계명에도 똑같이 적용된다. 왜냐하면 십계명 곧 율법은 비록 사람이 지은 죄의 무거움을 드러내고, 그 죄책을 더욱 깨닫게 하지만, 사람에게 구원의 은혜를 줄 수는 없기 때문이다. 율법은 사람을 비참한 상태에서 나오게 할 수도 없고 빠져나올 방법을 그에게 알려 줄 수도 없기 때문이다. 오히려 육신으로 말미암아 연약한 율법은 죄인을 저주 아래 남겨둔다.

### 6항: 복음의 필요

그러므로 본성의 빛이나 율법이 할 수 없는 것을 하나님께서는 성령님의 능력으로 화목하게 하는 말씀 또는 화목하게 하는 직분을 통해 이루신다. 이것이 바로 메시야에 관한 복음인데 이 복음을 통해 하나님께서는 구약과 신약 아래에서 믿는 모든 사람을 구원하시는 일을 기뻐하셨다.

---

주는 의사이고, 전도는 그 약을 소개해 주는 것에 불과합니다. 구원은 환자 스스로 그 약의 효력을 깨닫고 자기 힘으로 팔을 뻗어 약을 먹어 얻는 회복입니다. 그러면 이 구원은 누가 이룬 것입니까? 자기가 약을 인정하고, 스스로 약을 잡고, 의지적으로 행동한 사람이 이 구원의 주인공이 됩니다.[2]

오늘날 많은 곳에서 이렇게 복음을 설명합니다. 당신 옆에 놓여 있는 복음이라는 치료제를 소개해 줄 테니 손을 뻗어 먹기만 하면 당신은 구원이라는 회복을 얻을 수 있다고 말이죠. 물론 복음을 믿기로 결정하는 우리의 결단이 필요합니다. 그러나 이러한 이해는 하나님을 구원의 조연으로 전락시키고 구원을 우리가 자기 힘으로 스스로 결단하여 이룩한 우리의 일, 우리의 업적이 되게 합니다.

세 번째 관점이 있습니다. 성경의 관점입니다. 성경은 우리가 죽었다고 선언합니다. 어떤 반응도 할 수 없고, 어떤 활동도 할 수 없는 죽은 존재로 우리의 상태를 설명합니

---

2 코르넬리스 프롱크, 『우리가 믿고 남겨야 할 유산 은혜교리』, 김동환 역, 그 책의 사람들, 2012, p60.

다. 무엇보다 성경은 우리에게 우리 스스로를 구원할만한 능력이 없다고 선언합니다. 철저한 무능과 무지를 선포합니다. 코르넬리스 프롱크 목사님은 앞에서 말씀드렸던 '환자의 비유'를 성경적으로 다음과 같이 바르게 바꾸셨습니다.[3]

> 죄인을 환자에 비유한다면, 죽음 직전의 환자입니다. 이제 남은 것이라고는 죽음 밖에 없습니다. 그런데, 무지합니다. 환자 앞에 '복음'이라는 약이 있는데 그것이 치료제라는 사실을 알지 못합니다. 아무리 설명해 줘도 깨닫지 못합니다. 심지어 무능합니다. 죽음의 문 앞에서 육체의 모든 힘이 다 빠져서 그 약을 집어들 힘이 없습니다. 무엇보다 완고한 고집을 꺾지 않습니다. 이 치료제를 만들고 제공해 준 의사를 믿지 못하고 미워합니다. 아무리 옆에서 이 치료제를 설명해 줘도 거부합니다. 이 환자에게 남은 것은 '죽음' 뿐입니다. 그의 지식, 육체, 의지 그 어느 것도 그를 구

• 지금까지 사람의 부패, 그리고 사람이 하나님께 회심하는 과정에 관한 참된 교리를 밝히 드러냈으므로, 총회는 다음의 오류들을 거부한다. (총 9가지 오류에 대한 반박 중 네 번째 반박까지)

오류 1

항론파의 주장
: 정확히 말하면, 원죄 그 자체는 온 인류를 정죄하거나, 온 인류가 일시적인 형벌과 영원한 형벌을 마땅히 받게 만드는 데 충분하지 않다.

성경에 따른 반론
: 항론파의 이 주장은 다음과 같은 사도의 가르침과 모순된다. "그러므로 한 사람으로 말미암아 죄가 세상에 들어오고 죄로 말미암아 사망이 들어왔나니 이와 같이 모든 사람이 죄를 지었으므로 사망이 모든 사람에게 이르렀느니라"(롬 5:12). 그리고 "심판은 한 사람으로 말미암아 정죄에 이르렀으나 "(롬 5:16). 또한, "죄의 삯은 사망이요"(롬 6:23).

---

3   ibid.

**오류 2**

**항론파의 주장**
: 선함, 거룩함, 의로움과 같은 영적 은사들 또는 선한 자질들과 덕들은 사람이 처음 지음 받을 때 사람의 의지 안에 있지 않았다. 따라서 사람이 타락했을 때 이런 것들이 사람의 의지에서 분리되었을 리도 없다.

**성경에 따른 반론**
: 항론파의 이 주장은 사도가 에베소서 4장 24절에서 선포한 하나님의 형상에 관한 묘사와 충돌한다. 사도는 하나님의 형상은 의와 거룩함으로 지으심을 받았다고 말하는데 이는 분명히 의지에 속하는 것이다.

원해 주지 못합니다. 이것이 '전적으로 타락한 사람의 상태'입니다. 생명의 복음을 이해하지 못하고, 생명의 복음이 앞에 있어도 그것을 받아들이려 하지 않습니다. 심지어 그 복음의 주인이신 하나님마저 거부하고 비난하고 미워합니다. 스스로 모든 치료를 거부하고, 아니 모든 치료와 생명의 하나님을 미워하고, 죽음을 향해 나아갑니다.

예수님께서는 '선한 사마리아인의 비유'(눅 10:30)를 말씀해 주셨습니다. 어떤 사람이 여행하다 강도를 만나 거의 죽게 되었습니다. 그냥 두면 옷이 없으니 얼어 죽던가, 다른 강도에게 죽던가 그냥 죽습니다. 죽은 것과 같습니다. 그런데 한 사마리아 사람이 그를 살립니다. 많은 분들이 이 비유를 통해 우리도 선한 사마리아 사람처럼 선하게 살아야 된다거나, 불쌍한 사람을 돕는 자가 되어야 된다고 생각합니다. 그러나 주님의 의도는 그것이 아닙니다. 여기서 강도 만나 죽어가던 자는 바로 우리입니다. 자기 힘으로는 강도를 이길 수 없고, 자기를 보호할 수도 없으며, 자신을 살리는 것이 불가능한 존재입니다. 그저 맞고 빼앗기고 잃어버려 힘없이 죽어가는, 전적으로 무능한 존재입니다. 이것이 바로 우리들의 원래 모습입니다.

성경은 우리의 상태를 가리켜 '병상의 환자 정도의 가능성도 없다'라고 단호하게 선언합니다. 우리는 '허물과 죄로 죽었던' 자들입니다. 시신은 어떤 반응도, 어떤 운동도 할 수 없습니다. 좋은 것을 보고 들어도 좋아하지 못하고, 생명을 구해야 함에도 하지 못합니다. 하나님 앞에서 우리는 죽은 자들이었습니다. 복음을 깨닫지 못했고, 복음을 받아들일만한 능력과 의지도 없었으며, 오히려 하나님을 외면하고 그리스도를 미워하며 복음의 모든 역사를 힘껏 거부하던 존재, 그래서 스스로 죄와 사망의 저주로 걸어가던 존재가 우리였습니다.

이 죽음의 걸음을 우리 스스로는 멈출 수 없습니다. 우리에겐 그럴 힘이 없습니다. 누군가가 해줘야 합니다. 누군가가 그 걸음을 멈추도록 잡아 주고, 그 걸음의 방향을 바꿔주어야 합니다. 누군가가 생명의 복음을 알려

오류 3

항론파의 주장
: 영적 은사들은 사람이 영적으로 죽었을 때 사람의 의지에서 분리되지 않았다. 의지 그 자체는 결코 부패할 수 없기 때문이다. 의지는 다만 어두운 지성과 무절제한 정서에 방해받을 뿐이다. 그래서 사람의 의지는 이러한 방해 요소들이 제거되면 선천적으로 자유로운 능력을 마음껏 발휘할 수 있을 것이다. 다시 말하면, 의지는 그 앞에 놓인 그 어떤 선도 원하거나 선택할 수 있고, 또는 원하지 않거나 선택하지 않을 수 있다.

성경에 따른 반론
: 이 주장은 이상한 생각이며 오류요, 자유의지의 능력을 치켜세우는 결과를 가져온다. 곧 선지자 예레미야가 선포한 다음의 말씀과 반대된다. "만물보다 거짓되고 심히 부패한 것은 마음이라"(렘 17:9). 또한 사도의 증언과도 반대된다. "전에는 우리도 다 그(불순종의 아들) 가운데서 우리 육체의 욕심을 따라 지내며 육체와 마음의 원하는 것을 하여"(엡 2:3).

**오류 4**

**항론파의 주장**
: 중생하지 않은 사람은 자기의 죄 때문에 확실히 또는 전적으로 죽은 것이 아니며, 영적 선을 행할 능력을 모두 박탈하지는 않았다. 그는 의와 생명에 주리고 목말라할 수 있으며, 하나님께서 기뻐하시는 상하고 통회하는 상한 심령의 제사를 하나님께 드릴 수 있다.

**성경에 따른 반론**
: 항론파가 주장하는 이런 견해들은 성경의 명백한 증언을 거스른다. "허물과 죄로 죽었던 너희"(엡 2:1), "허물로 죽은 우리"(엡 2:5), "사람의 죄악이 세상에 가득함과 그의 마음으로 생각하는 모든 계획이 항상 악할 뿐임을 보시고"(창 6:5), "사람의 마음이 계획하는 바가 어려서부터 악함이라"(창 8:21). 더욱이 비참에서 건짐 받아 생명에 주리고 목말라 하며, 하나님께 상한 심령의 제사를 드리는 것은 오직 중생하고, 복 있는 사람이라고 불리는 사람들만의 특징이다(시 51:17; 마 5:6).

주어야 하고, 먹도록 도와주는 정도가 아니라 먹여 줘야 하며, 그 마음에 의사와 약을 신뢰하는 마음을 일으켜 주어야 합니다.

하나님께서 바로 그 일을 하셨습니다. 우린 참 생명이 있어야만 살 수 있습니다. 그 생명을 하나님께서 주셨습니다. 하나님은 생명을 주시는 분이십니다. 모든 생명을 잃어버린 마른 뼈에 생명을 주신 그 하나님께서 사망에 사로 잡혀 죽음의 심판을 향하여 나아가던 우리에게 참 생명을 주셨습니다.

## 우리가 죄인임을 알게 된 은혜

왜 그러셨습니까? 우리를 사랑하시기 때문입니다(엡 2:4). 자신의 아들을 십자가에 내어 주기까지 우리를 사랑하셨습니다. 이는 자신을 직접 주신 것입니다. 강도 만나 죽어가던 자를 살린 그 사마리아인은 예수님을 가리킵니다. 완전히 죽어 무능한 우리를 살리셨고, 그 뒤의 모든 과정들까지 도맡아 감당하셨습니다. 더욱 놀라운 것은 하나님께서 이 모든 일을 기뻐하신다는 것입니다. 하나님께서 전적으로 타락하여 전적으로 무능한 우리를 구원하시기를 기뻐하십니다. 하나님은 죄인을 죄에서 구원하시기를 기뻐하십니다.

죄인은 하나님을 찬양할 수 없습니다. 죽은 자는 기쁨과 즐거움을 경험할 수 없고 선한 일을 할 수 없습니다. 그러므로 산자, 즉 구원받은 자가 하나님을 예배할 수 있습니다. 우리를 통해 찬양과 경배와 영광 받으시기를 기뻐하시기에, 우리를 구원하시기를 기뻐하십니다. 하나님 자신의 영광과 기쁨을 위해 우리를 구원하신 것입니다(엡 2:7). 시체였던 우리에게 생명을 주셔서 새로운 삶을 살게 하셨고, 그 생명의 능력으로 하나님께 영광과 찬송과 감사를 올려드릴 수 있게 하셨습니다.

'전적 타락'은 우리의 죄악과 비참함에 대한 선언인 동시에, 하나님의 은혜 외에는 우리가 구원 얻을 길이 없다는 사실을 알려줍니다. 그렇게 절대적인 타락과 무능에 빠진 우리를 구원하신 하나님의 전적인 은혜, 절대적인 그 사랑을 우리에게 알려줍니다. 우리의 타락상을 지적하는 것에서 그치지 않고, 우리를 구원하신 하나님의 사랑과 은혜를 선포합니다. 하나님께서 죽었던 우리를 그 아들의 피로 살리셨습니다. 날마다 하나님을 더욱더 찬양합시다. 늘 겸손히 주의 은혜에 감사합시다.

✚ 요 11:38-44

"이에 예수께서 다시 속으로 비통히 여기시며 무덤에 가시니 무덤이 굴이라 돌로 막았거늘, 예수께서 이르시되 돌을 옮겨 놓으라 하시니 그 죽은 자의 누이 마르다가 이르되 주여 죽은 지가 나흘이 되었으매 벌써 냄새가 나나이다. 예수께서 이르시되 내 말이 네가 믿으면 하나님의 영광을 보리라 하지 아니하였느냐 하시니, 돌을 옮겨 놓으니 예수께서 눈을 들어 우러러 보시고 이르시되 아버지여 내 말을 들으신 것을 감사하나이다. 항상 내 말을 들으시는 줄 내가 알았나이다. 그러나 이 말씀하옵는 것은 둘러선 무리를 위함이니 곧 아버지께서 나를 보내신 것을 그들로 믿게 하려 함이니이다. 이 말씀을 하시고 큰 소리로 나사로야 나오라 부르시니, 죽은 자가 수족을 베로 동인 채로 나오는데 그 얼굴은 수건에 싸였더라. 예수께서 이르시되 풀어 놓아 다니게 하라 하시니라"


✚ 눅 16:22

"이에 그 거지가 죽어 천사들에게 받들려 아브라함의 품에 들어가고 부자도 죽어 장사되매"

# 무조건적 선택, 두 나사로 이야기

**TULIP 2**

성경에는 두 명의 나사로가 등장합니다. 첫 번째 나사로는 마르다와 마리아의 형제로 죽었다가 살아난 사람입니다(요 11:1,2). 마르다는 주님을 향한 수고와 헌신의 대명사일 뿐만 아니라 예수님을 향한 신앙고백(요 11:27) 역시 베드로에 비견될 만큼 훌륭한 신자였습니다. 마리아는 예수님의 말씀을 지극히 사모했고, 자신의 전재산이었을 매우 비싼 향유를 예수님의 발에 부음으로 예수님의 죽으심을 준비했던 경건한 사람이었습니다(요 12:3, 7). 두 사람은 더 이상의 설명이 필요 없는 매우 훌륭하고 경건하며 헌신적인 신자입니다.

: 도르트신조 :

▶ **첫째 교리:**
하나님의 선택과 유기

**1항: 모든 사람이 하나님께 정죄 받아 마땅함**

모든 사람은, 아담 안에서 죄를 지었기 때문에 저주 아래에 있으며 영원한 죽음을 겪는 것이 마땅하다. 그러므로 하나님께서 온 인류를 죄와 저주 아래 두시고 그들의 죄로 말미암아 그들을 정죄하시는 것이 하나님의 뜻일지라도, 하나님께서는 어느 누구에게도 불의하게 행하시는 것이 아니다. 사도는 다음과 같이 증언한다. "온 세상으로 하나님의 심

## 베다니의 나사로, 병든 자, 죽은 자

그런데 '나사로'는 이 두 사람과 조금 다릅니다. 주님께서 그를 사랑하신 것은 기록되어 있지만, 그가 예수님을 어떻게 사랑했는지에 대해서는 잘 보이지 않습니다. 대신 그가 거둔 사회적 성공은 쉽게 추측해 볼 수 있습니다. 그가 병에 걸려 죽자, 많은 유대인들이 조문하기 위해 찾아왔고(요 11:19), 누이인 마리아가 매우 고가의 향유를 가지고 있었던 걸 보면, 나사로와 그 집안은 상당한 부와 영향력이 있었던 것으로 보입니다. 하지만 정작 나사로를 특징짓는 말은 그런 부와 성공이 아닙니다. 마리아는 주님께 부어드린 '향유'로, 마르다는 주님을 향한 '헌신'과 '신앙고백'으로 기억되지만, 성경은 나사로를 '병자', '병든 나사로'(요 11:1-2)라고 말합니다. 결정적으로 그는 '죽은 자'입니다. 그의 정체성은 '병자'와 '죽은 자'였습니다. 병으로 고통받다가 죽음에 이르렀고, 무덤에 묻혔으며, 그 육체가 부패하기까지 했습니다. 경건하고 주님께 헌신된 누이들이 그를 병과 사망에서 건지지 못했습니다. 질병과 죽음 앞에선 그의 부

---

판 아래에 있게 하려 함이라"(롬 3:19), "모든 사람이 죄를 범하였으매 하나님의 영광에 이르지 못하더니"(롬 3:23), "죄의 삯은 사망이요"(롬 6:23).

2항: 하나님께서 독생자를 세상에 보내심으로 자기의 사랑을 나타내심

그러나 하나님께서 자기의 사랑을 이렇게 나타내 보이셨다. 곧 하나님께서는 독생자를 세상에 보내셔서 독생자 예수 그리스도를 믿는 사람은 누구든지 멸망하지 않고 영생을 얻게 하셨다(요일 4:9; 요 3:16).

3항: 복음 전파

그리고 하나님께서는 사람들이 그리스도를 믿게 하시려고 자비로우시게도 하나님께서 원하시는 사람들에게 하나님께서 원하시는 때에 이 큰 기쁨의 좋은 소식을 전하는 자들을 보내신다. 하나님께서는 이 복음 전파를 통해서 사람들이 회개하고 십자가에 못 박히신 그리스도를 믿도록 부르신다. "그런즉 그들이 믿지 아니하는 이를 어찌 부르리요 듣지도 못한 이를 어찌 믿으리요 전파하는 자가 없이 어찌 들으리요 보내심을 받

와 인기, 명성도 모두 무력했습니다. 그 자신과 그가 소유한 모든 것으로도 그에게 닥쳐온 질병과 죽음을 극복할 수 없었습니다.

이 모습은 전적으로 타락하고 무능한 죄인의 모습 그 자체입니다. 사람은 종종 자신의 소유, 혹은 자기의 능력이 자신을 구원할 것이라 착각합니다. 그래서 더 소유하고자 애쓰며 이를 위해 싸우고, 심지어 전쟁을 벌이기도 합니다. 그러나 그 어떤 것도 죄와 사망에서 사람을 구원하지 못합니다. 죄와 사망의 무게가 너무 무겁고, 그 위력이 너무 강력하기 때문입니다. 반면에 사람은 너무나 연약합니다. 그러므로 사람의 소유는, 그것이 무엇이든 구원을 위한 조건이나 이유가 될 수가 없습니다. 나사로는 많은 걸 소유했지만 병과 죽음을 이기지 못했습니다. 우리 역시 마찬가지입니다. 죄와 심판은 제아무리 소유가 많다 한들 이길 수도, 피할 수도 없습니다.

우리는 이 나사로의 결말을 알고 있습니다. 주님께서 죽었던 그를 살리셨습니다. 왜 살리셨을까요? 나사로에게서는 어떤 이유도, 근거도 찾을 수 없었습니다. 그의 모든 소유

지 아니하였으면 어찌 전파하리요"(롬 10:14-15).

### 4항: 복음 전파에 대한 두 가지 반응

이 복음을 믿지 않는 사람들에게는 하나님의 진노가 머물러 있다. 그러나 이 복음을 받아들이고 구주 예수님을 참되고 살아 있는 믿음으로 영접하는 사람들은 구주 예수님으로 말미암아 하나님의 진노와 멸망에서 구원받고 영생을 선물로 받는다.

### 5항: 불신앙의 원인과 믿음의 원인

다른 모든 죄와 마찬가지로 이 불신앙의 원인과 불신앙에 따른 죄책은 결코 하나님께 있지 않고 사람에게 있다. 하지만, 예수 그리스도를 믿는 믿음과 그리스도로 말미암아 받는 구원은 하나님께서 값없이 주시는 선물이다. 성경은 다음과 같이 증언한다. "너희는 그 은혜에 의하여 믿음으로 말미암아 구원을 받았으니 이것은 너희에게서 난 것이 아니요 하나님의 선물이라"(엡 2:8), "그리스도를 위하여 너희에게 은혜를 주신 것은 다만 그를 믿게 하려 하심이라"(빌 1:29).

## 6항: 하나님의 영원한 작정

사람들이 이 세상에서 사는 동안 하나님께서 어떤 사람들에게는 믿음을 선물로 주시고, 다른 사람들에게는 믿음을 선물로 주시지 않는 것은 하나님의 영원한 작정에서 유래한다. 하나님께서는 하나님께서 하시는 모든 일을 영원부터 아시기 때문이다(행 15:18; 엡 1:11). 이 작정에 따라 하나님께서는 택하신 사람들의 마음이 아무리 완고하다 할지라도 하나님의 은혜로 그들의 마음을 부드럽게 하시고 그들이 믿게 하신다. 그러나 하나님께서는 하나님의 공의로운 심판을 따라 택하시지 않은 사람들을 그들 자신의 악함과 완고함 가운데 내버려 두신다. 여기에서 똑같이 멸망받아 마땅한 모든 사람을 구별하시는 하나님의 한없이 깊으시고, 자비로우시고, 공의로우신 행위가 특별히 드러난다. 이것이 바로 하나님의 말씀 안에 계시된 선택과 유기의 작정이다. 악하고 더러우며 요동하는 사람들은 선택과 유기의 작정을 왜곡하여 그들 스스로 파멸에 이르게 되지만, 거룩하고 경건한 영혼들에게 선택과 유기의 작정은 말로 다 할 수 없는 큰 위로가 된다.

는 병과 죽음 앞에서 무의미했습니다. 질병으로 무능했고, 죽음으로 모든 걸 잃어버린 마당에 무엇으로 구원을 얻을 수 있었겠습니까? 예수님께서 그를 다시 살리신 것은 그저 그를 사랑하셨기 때문입니다. 그것이 유일한 이유입니다. 주님은 나사로를 사랑하셔서 그의 병과 고통을 슬퍼하셨고, 죽은 그를 찾아오셨으며, 슬퍼하는 마르다와 마리아를 위로하셨고, 나사로를 살리셨습니다.

또 하나의 중요한 이유가 있습니다. 하나님께서는 그의 죽음과 부활을 통해 영광 받기를 원하셨습니다(요 11:4). 하나님의 아들 예수 그리스도께서 나사로에게 주시는 부활의 생명, 그 새로운 생명을 통해 영광 받으시기를 원하셨기 때문입니다. 주님의 사랑과 하나님의 영광이 나사로를 억눌렀던 사망을 이겼습니다.

### 거지 나사로, 고통과 절망의 현실

'거지 나사로'는 헌데투성이며 버려진 존재였습니다(눅 16:20). 그의 상황은 가난하고 비참하며 더럽습니다. 어느 누구도, 심지어 가족도 그를 돌보지 않습니다. 부자의 상에서 떨어지는 음식, 부자가 먹고 남겨 버린 음식이 아니면 그는 생명을 유지할 수도 없습니다(눅 16:21). 더욱이 그는 지독한 피부병을 앓았습니다. 마치 욥과 비슷합니다. 당시의 피부병은 '저주'의 상징이었습니다. 피부병만으로도 부정한데 가장 더럽고 부정한 짐승인 개들이 와서 그 피부의 헌데, 상처와 고름을 핥습니다(눅 16:21). 상상이 되나요? 얼마나 비참하고 고통스러운 현실입니까! 자기 스스로는 자신을 둘러싼 더럽고 부정한 현실을 벗어나지 못할 뿐 아니라 자신의 목숨조차 보전하지 못합니다. 선한 일은 고사하고, 자기를 깨끗하게 하는 일조차 불가능한, 철저한 무능과 절망에 빠져 있는 모습입니다.

여러분, 이 모습 속에 누가 보이십니까? 우리가 입고 있는 옷과 먹고 있는 음식과 하고 있는 일들이 깨끗하고 번듯하니 거지 나사로와 우리는 상관없다고 생각하십니까? 하나님 앞에서 모든 죄인은 이 거지 나사로와 다르지 않습니다. 죄인은 전적으로 부패하여 전적으로 무능합니다. 선을 행하려는 의지도

### 7항: 선택

선택은 하나님의 변하지 않으시는 결정이다. 그 결정에 따라 하나님께서는 창세전에 오직 은혜로, 하나님의 자유롭고 선하신 뜻에 따라서, 자신들의 잘못으로 원래의 흠 없는 상태에서 죄와 파멸 가운데 빠진 온 인류 가운데서, 정하신 수의 사람들을 그리스도 안에서 구원하기로 택하셨다. 택함 받은 사람들이 택함 받지 않은 사람들보다 더 낫거나, 어떤 택함 받을 만한 자격이 그들에게 있어서 택함 받은 것이 아니다. 모든 사람이 똑같이 비참 가운데 놓여 있었다. 그러나 하나님께서는 그리스도 안에서 다음과 같은 일들을 행하셨는데, 영원 전에 그리스도를 모든 택함 받은 사람의 중보자로, 그들의 머리로, 그들을 구원하시는 기초로 정하셨다. 그다음에 하나님께서는 택하신 자들을 그리스도께 주시기로, 그리스도로 말미암아 그들이 구원받게 하시기로, 그들이 그리스도와 교제하도록 하나님의 말씀과 성령님으로 그들을 효과적으로 부르시고 이끄시기로 작정하셨다. 다시 말해서, 하나님께서는 택하신 자들이 그리스도를 참되게 믿으며, 그들이 의롭다

없고, 선을 행할 능력도 없습니다. 그 본성이 부패하여 하나님과 거룩이 아닌 세상과 죄악을 즐거워하고, 부패한 본성이 모든 선을 행할 능력을 파괴시켜 어떤 의도 행할 수가 없습니다. 그래서 나사로가 스스로 깨끗하게 할 수 없듯이 죄인은 스스로 자기 죄를 해결하지 못하고, 정결하게 하지 못합니다. 나사로가 스스로의 힘으로 배고픔을 해결할 수 없듯이, 죄인은 의의 결핍을 벗을 수 없고 대신 죄악만이 그 영혼과 삶에 충만합니다. 하나님의 천국 잔치에 들어가지 못하면서도 그 고통과 비참함과 슬픔을 알지 못한 채로 죄악의 더러움 속에 함께 뒹굴며 살아갑니다. 그것이 죄인의 현실입니다.

우리는 이 거지 나사로의 결말도 이미 알고 있습니다. 그가 죽자, 천사들에게 받들려 아브라함에 품에 들어가고(눅 16:22), 사는 동안 고난을 당했지만 천국에서는 위로를 받았습니다(눅 16:25). 천사들이 그를 높였고, 믿음의 조상 아브라함이 그를 인정했으며, 천국의 안식이 그의 것이 되었습니다. 어떻게 이런 일이 일어났습니까? 그에게 어떤 자격, 어

---

함을 받으며, 그들이 점점 거룩하게 되며, 하나님의 아들이신 그리스도와 그들이 나누는 교제를 권능으로 지키신 후, 마침내 택하신 자들이 영화롭게 되도록 작정하셨다. 하나님께서는 하나님의 자비를 나타내시기 위해, 하나님의 영광스러운 은혜의 풍성함으로 말미암아 찬송 받으시기 위해 이 모든 일을 행하신다. 성경은 다음과 같이 증언한다. "곧 창세전에 그리스도 안에서 우리를 택하사 우리로 사랑 안에서 그 앞에 거룩하고 흠이 없게 하시려고 그 기쁘신 뜻대로 우리를 예정하사 예수 그리스도로 말미암아 자기의 아들들이 되게 하셨으니 이는 그가 사랑하시는 자 안에서 우리에게 거저 주시는 바 그의 은혜의 영광을 찬송하게 하려는 것이라"(엡 1:4-6), "또 미리 정하신 그들을 또한 부르시고 부르신 그들을 또한 의롭다 하시고 의롭다 하신 그들을 또한 영화롭게 하셨느니라"(롬 8:30).

**8항: 단 하나의 선택의 작정**

이 선택은 여럿이 있지 않다. 구약과 신약 아래에서 구원받기로 택함 받은 모든 사람에게는 단 하나의, 같은 선택만이 있다. 성경

떤 공로, 어떤 조건이 있었기에 그는 이런 복을 받아 누리게 된 것입니까? 그에게는 아무 공로, 자격, 조건, 이유가 없었습니다. 하나님께서 거지 나사로의 어떤 것도 보지 않으시고, 그를 사랑하사 건져 주신 것입니다. 그것이 전부입니다.

**무조건적 선택, 두 나사로가 받은 은혜**

두 나사로 사이에는 그들이 이름이 같다는 것 외에는 아무 연관이 없습니다. 아무리 주석을 보고 연구해도 그 어떤 연결고리 하나 찾을 수 없습니다. 그러나 두 사람에게는 공통점이 있습니다. 그들 모두 아무 자격도, 공로도 없었으나 하나님께서 그들을 사랑하사 죽음에서 건지시는 구원의 은혜를 베푸셨다는 것입니다. '나사로'라는 이름은 '하나님의 도움을 받은 자'라는 뜻입니다. 그들은 하나님의 도움을 받았습니다. 사망이라는 절대적인 절망과 고통 속에서, 아무 자격도 조건도 없지만, 전적인 하나님의 은혜의 도움을 받은 자들입니다.

우리가 받은 구원의 은혜가 바로 이것입

은 하나님의 선하신 기쁨과 목적과 계획의 뜻이 하나라고 선포하기 때문이다. 이 선택의 작정에 따라 하나님께서는 우리가 은혜와 영광에 이르고, 구원받으며, 우리를 위해 예비하신 구원의 길을 걷도록 우리를 선택하셨다.

**9항: 앞을 내다보신 믿음에 근거하지 않은 선택**

하나님께서는 사람들이 택함 받는 데 필요한 원인이나 조건으로서의, 앞을 내다보신 믿음이나 순종, 거룩함, 또는 다른 선한 자질이나 기질에 근거하여 선택하지 않으신다. 오히려 사람들이 믿고, 순종하고, 거룩해지도록 하나님께서 선택하신다. 따라서 선택은 구원에 따르는 모든 혜택의 근원이다. 믿음과 거룩함과 다른 구원의 선물들, 최종적으로는 영생 그 자체가 선택의 열매와 효과로 선택으로부터 흘러나온다. 사도는 다음과 같이 증언한다. "곧 창세전에 그리스도 안에서 우리를 택하사 우리로 사랑 안에서 그 앞에 거룩하고 흠이 없게 하시려고"(엡 1:4).

**10항: 하나님의 선하신 기쁨에 기초한 선택**

받을 자격이 없는 이 과분한 선택의 원인은 오직 하나님의 선하신 기쁨뿐이다. 이 선하신 기쁨은 하나님께서 모든 가능한 조건 중에서 사람의 어떤 자질이나 행위를 구원의 조건으로 삼으시는 것이 아니라, 모두 똑같은 죄인의 무리 중에서 하나님께서 어떤 사람들을 하나님의 소유로 자녀 삼으신다는 것이다. 성경은 다음과 같이 증언한다. "그 자식들이 아직 나지도 아니하고, 무슨 선이나 악을 행하지 아니한 때에 …… 리브가에게 이르시되 큰 자가 어린 자를 섬기리라 하셨나니 기록된 바 내가 야곱은 사랑하고 에서는 미워하였다 하심과 같으니라"(롬 9:11-13), "영생을 주시기로 작정된 자는 다 믿더라"(행 13:48).

**11항: 변하지 않는 선택**

하나님께서는 지극히 지혜로우시고, 불변하시며, 모든 것을 다 아시고, 전능하시다. 그러므로 하나님의 선택은 중단되거나, 변하거나, 철회될 수 없고, 무효가 될 수도 없다. 택함 받은 사람들은 버림 받을 수도, 그 수가 줄 수도 없다.

니다. 우리도 이 나사로들과 다를 바 없습니다. 우리에게서는 아무런 구원의 가능성도, 그 어떤 구원의 조건도 찾을 수 없습니다. 하나님의 말씀에 전적으로 순종하여 거룩을 행할 능력도, 의지도 없습니다. 그저 죄를 즐거워하며, 계속해서 죄를 더하고 사망을 향해 스스로 나아갈 뿐입니다. 죄라는 질병에 허우적대지만 그것이 고통인지조차 모릅니다. 사망의 심판을 향해 나아가지만 그 심판의 고통을 짐작도 하지 못합니다.

그러한 우리가 구원, 즉 참생명을 얻을 길, 죄짐을 벗고 거룩을 옷 입으며, 사망을 이겨 생명을 누리고, 비참함을 버리고 영광을 누릴 유일한 길은 우리 주님의 사랑 말고는 없습니다. 오직 주의 사랑만이, 그 은혜의 도움만이 우리가 이 모든 고통을 벗고 구원을 얻는 유일한 조건이요 길입니다.

그래서 하나님께서는 우리의 어떤 조건도 보지 않으시고 오직 그의 선하신 뜻을 따라 사랑하심으로 우리를 택하셔서 구원해 주셨습니다. 이를 '무조건적 선택'이라고 합니다. 우리 편에서는 무조건적 선택이 맞습니다. 하나님께서 우리의 조건을 따지지 않으셨습니다. 우리에게는 구원받을만한, 하나님의 기준을 만족시킬만한 조건이 없기 때문입니다.

## 죄의 무게, 정말로 무조건인가?

그런데 하나님 편에서는 '무조건'이 아닙니다. 하나님은 묻지도 따지지도 않고 우리를 구원하지 않으셨습니다. 하나님은 분명히 죄의 책임을 묻고 따지십니다. 죄를 미워하시고 심판하시는 공의의 하나님이시기에 어떤 죄도, 죄인도 무조건적으로 하나님 앞에서 용납될 수 없습니다. 그럼에도 불구하고 우리가 무조건적인 구원의 은혜를 받은 것은, 하나님께서 그 모든 죄의 책임을 하나님의 아들, 예수께 지게 하셨기 때문입니다.

우리가 값을 치르지 않았다고 하여 공짜이거나 값싼 구원을 얻은 것이 아닙니다. 우리가 치르지 않은 것이 아니라, 우리가 치를 수 없는 값입니다. 그래서 그러한 우리 대신 성자 하나님의 생명이 우리를 구원하기 위한 값으로 치러졌습니다. 어떻게 이 구원을 값싸게 여길 수 있겠습니까!

### 12항: 선택의 확신

택함 받은 사람들은 각자 다양한 단계를 거치고 확신의 정도에서도 차이를 보이기는 하지만, 하나님께서 정하신 때에, 자신들을 구원에 이르게 하는 영원하고 변하지 않는 선택을 자신들이 받았다는 것을 확신하게 된다. 선택에 대한 이러한 확신은 감추어져 있고, 하나님에 대한 깊은 지식과 하나님께서 하시는 비밀한 일을 호기심 어린 마음으로 캐물어서 얻게 되는 것이 아니다. 선택에 대한 이러한 확신은 택함 받은 사람들이 하나님의 말씀에서 알려주는 선택의 명백한 열매들, 곧 그리스도에 대한 참된 믿음, 자녀로서 하나님께 갖는 경외, 자신의 죄에 대한 거룩한 비탄, 의에 주리고 목말라함과 같은 것들을 영적 기쁨과 거룩한 즐거움으로 자신 안에서 발견함으로써 얻는다.

### 13항: 이 확신의 가치

이러한 선택을 깨달아 알고 확신하는 것은 하나님의 자녀들로 하여금 매일 하나님 앞에서 겸손하게 하고, 하나님의 헤아릴 수 없이 깊은 자비하심을 찬양하게 하고, 자신들을 깨끗하게 하고, 그들에게 먼저 그토록 큰 사랑을 보여 주신 하나님께 뜨거운 사랑으로 감사하게 하는 더 큰 동기가 된다. 따라서 선택 교리를 가르치고 묵상하는 일이 하나님의 자녀들로 하여금 하나님의 계명에 순종하는 데 해이하게 하거나 육적인 자기 과신에 빠지게 한다고 말할 수 없다. 하나님의 계명에 순종하는 데 해이하게 하거나 육적인 자기 과신에 빠지게 하는 일은 흔히, 하나님의 공의로우신 심판에 따라, 분별없이 선택의 은혜를 받았다고 여기거나, 택함 받은 사람들이 걷는 길을 가려 하지 않고 선택의 은혜를 무익하고 뻔뻔하게 이야기하는 사람들에게 일어난다.

**14항: 선택을 계속해서 가르쳐야 함**

하나님의 지극히 지혜로우신 계획에 따라, 구약과 신약 시대에 선지자들과 사도들이, 누구보다 그리스도께서 직접 하나님의 선택 교리에 관한 이러한 가르침을 선포하셨다. 이어서 하나님께서는 이 가르침들이 성경에 기록되게 하셨다. 따라서 오늘날에도 이러한 가르침을 선포하도록 특별히 세우신 하나님의 교회 안에서, 신중하게, 경건하고 거룩한

우리가 아직 죄인 되었을 때에 그리스도께서 우리를 위하여 죽으심으로 하나님께서 우리에 대한 자기의 사랑을 확증하셨느니라(롬 5:8)

하나님께서는 당신의 아들로 그 값을 치르게 하시고, 성령을 보내사 그 아들을 구주로 믿는 믿음을 일으키셨습니다. 우리를 구원하시고자 그 무엇과도 비교할 수 없는 값을 치르셨고, 그 어떤 일보다 크고 놀라운 계획과 열심으로 일하셨습니다.

그러므로 우리는 이 '무조건적 선택'이라는 놀라운 은혜 앞에 엎드려 감사와 찬송을 하나님께 올려 드려야 합니다. '무조건'이니까 아무렇게나 살아도 구원받는다는 말이 절대 아닙니다. 우리는 조건을 만족시킬 수 없는 자임에도 불구하고 하나님께서 구원하셨다는 말입니다. 무조건적 선택은 우리의 무능과 부패와 비참함에도 불구하고, 하나님께서 베푸신 구원의 위대함을 찬양하는 말입니다.

'하나님께서 무조건적으로 나를 구원하셨으니 과거의 죄악은 덮고, 앞으로는 그냥 편하게 살자'라고 말해서도 안 됩니다. 구원 얼

을 아무런 조건 없는 나를 구원하신 하나님의 은혜에 늘 감사해야 합니다. 십자가를 생각하며 바로바로 그 죄를 회개해야 합니다. 나에게 주어진 새생명에 감사하며, 앞으로 다시는 그 죄를 범하지 않기를, 거룩한 새삶을 살기를 기도하며 살아가야 합니다. 또한 그러한 삶을 위해 실제로도 부단히 애쓰고 노력해야 합니다. 이웃을 향한, 특히 믿음의 형제들이 저지르는 죄를 향한 우리의 마음도 비난과 질책을 넘어 긍휼과 용서와 그들을 위한 중보로 바뀌어야 합니다. 내 죄의 크기와 용서의 위대함을 안다면 어떻게 함부로 그들을 비난을 할 수 있겠습니까!

신앙의 다섯 기둥은 우리를 찬양하게 하고, 거룩을 향한 우리의 마음과 열정을 더 뜨겁게 합니다. 하나님의 높고 위대하심을, 나를 구원하신 그 하나님의 사랑을 더욱 소리 높여 찬양합시다. 우리의 일상 가운데 그 은혜에 합당한 삶을 살기 위해 더욱 기도하며 노력합시다. 그렇게 그 은혜를 충만히 누리며 살아갑시다.

방법으로 적절한 때와 장소에서 이 하나님의 선택 교리를 가르쳐야 한다. 이때 지극히 높으신 하나님의 생각과 일을 호기심 어린 마음으로 캐물으려는 태도로 해서는 안 된다. 우리는 이 하나님의 선택 교리를 하나님의 지극히 거룩한 이름에 영광을 돌리고, 하나님의 백성에게는 살아 있는 위로를 주기 위해 가르쳐야 한다.

### 15항: 성경이 말하는 유기

더욱이, 성경은 하나님의 백성에 대한 하나님의 선택이 영원하며, 받을 자격이 없는 자에게 베풀어지는 과분한 은혜임을 특별히 강조하고, 우리 눈에 두드러지게 보여 준다. 특히 성경은 모든 사람이 택함 받은 것이 아니라 어떤 사람들은 하나님의 택하심을 받지 못하고 하나님의 영원한 선택에서 지나쳐 버림을 받는다고 증언한다. 하나님께서는 하나님의 더없는 자유로우심과 더없는 공의로우심, 흠잡을 데 없으며 변하지 않는 선한 기뻐하심에 따라 다음과 같이 작정하셨다. 곧 하나님께서는 택하시지 않은 사람들이 자신들 스스로 잘못하여 빠지게 된 그 공통의 비참 가운데 그들을 내버려 두시기로, 그들에게 구원받는 믿음과 회심하게 하는 은혜를 베풀지 않으시기로, 마지막에는 하나님의 공의로우심을 나타내시기 위해, (그들이 선택해서 걸어온 길과 하나님의 공의로운 심판에 남겨진) 그들의 불신앙과 그들이 지은 다른 모든 죄로 말미암아 그들을 정죄하시고 그들이 영원히 형벌 받도록 작정하셨다. 이것을 유기의 작정이라고 한다. 유기의 작정은 하나님을 결코 죄의 조성자로 만들지 않는다(이는 불경한 신성모독이다!). 오히려 유기의 작정은 하나님을 두렵고 흠 없으며 공의로 재판하시는 심판자이시자 보응하시는 분으로 선포한다.

### 16항: 유기 교리에 대한 반응들

그리스도께 대한 살아 있는 믿음, 확실한 마음의 신뢰, 양심의 평안, 어린 자녀가 부모에게 순종하는 것과 같이 순종하려는 열심, 그리스도로 말미암아 하나님께 영광 돌리는 일을 아직 자신 안에서 활발하게 경험하지 못하는 사람들이 있다. 그런데도 하나님께서 우리 안에 이런 일들을 이루겠다고 약속하시며 이를 위해 주신 수단들을 사용하는 사람들이 있다. 이런 사람들은 유기에 대해 들을 때 불안해하지 말아야 하며, 자신들을 유기된 자로 생각해서도 안 된다. 오히려 그들은 계속해서 하나님께서 주신 수단들을 부지런히 사용하고, 하나님께서 은혜를 더욱 풍성히 베풀어 주시기를 간절히 원하며, 하나님을 경외하면서 하나님께서 은혜 베풀어 주실 때를 겸손하게 기다려야 한다.

하물며 진심으로 하나님께로 돌이키고자 하며 진심으로 하나님만을 기쁘시게 하고 진심으로 사망의 몸에서 건짐 받기를 원하지만, 아직 자신들이 열망하는 만큼 경건함과 신앙에 이르지 못한 사람들에게는 이 유기 교리에 대해 두려워할 이유가 앞의 사람들보다 훨씬 더 적다. 우리 자비로우신 하나님께서는 꺼져 가는 등불을 끄지 아니하고, 상한 갈대를 꺾지 않는다고 약속하셨기 때문이다.

그러나 하나님과 구주 예수 그리스도를 일부러 생각하지 않으며, 세상의 염려와 육신의 정욕 가운데 자신들을 전적으로 내던지는 사람들에게, 그들이 하나님께로 진심으로 돌이키지 않는 한, 이 유기 교리는 마땅히 크게 두려운 것이다.

### 17항: 신자의 자녀가 유아기에 죽을 때의 구원

우리는 하나님의 말씀에서 하나님의 뜻을 판단해야만 하는데, 하나님의 말씀은 신자의 자녀들이 본성상 거룩해서가 아니라 그들이 그 부모와 함께 맺게 된 은혜 언약 때문에 거룩하다고 증언한다. 그러므로 경건한 부모들은 유아기에 하나님께서 이 세상에서 불러 가신 자기 자녀들의 선택과 구원을 결코 의심하지 말아야 한다.

### 18항: 선택과 유기에 대한 적절한 태도, 불평이 아닌 경배

받을 자격이 없는 사람들에게 베푸시는 이 과분한 선택의 은혜와 공의로운 유기의 엄격함에 대해 불평하는 사람들에게 우리는 다음과 같이 사도들의 증언으로 대답하고자 한다. "이 사람아 네가 누구이기에 감히 하나님께 반문하느냐"(롬 9:20)? 그리고 우리 구주의 말씀으로 대답하고자 한다. "내 것을 가지고 내 뜻대로 할 것이 아니냐"(마 20:15)? 우리는 선택과 유기와 관련된 모든 비밀스러운 일에 대해 하나님을 경외하고 경배하면서 사도와 함께 외친다. "깊도다, 하나님의 지혜와 지식의 풍성함이여! 그의 판단은 헤아리지 못할 것이며 그의 길은 찾지 못할 것이로다. 누가 주의 마음을 알았느냐? 누가 그의 모사가 되었느냐? 누가 주께 먼저 드려서 갚으심을 받겠느냐? 이는 만물이 주에게서 나오고 주로 말미암고 주에게로 돌아감이라 그에게 영광이 세세에 있을지어다! 아멘"(롬 11:33-36).

• 지금까지 선택과 유기에 관한 참된 교리를 밝히 드러냈으므로, 총회는 다음의 오류들을 거부한다.

## 오류 1

항론파의 주장
: 믿고, 믿음 안에서 인내하며 순종할 사람들을 하나님께서 구원하신다는 것이 구원에 이르는 선택에 대한 작정의 모든 것이며 전부이다. 이 외에는 작정에 대한 어떤 것도 하나님의 말씀에서 계시되지 않았다.

성경에 따른 반론
: 이 주장은 순진한 사람들을 미혹하며 성경의 가르침을 명백히 부정한다. 성경은 하나님께서 믿을 사람들을 구원하신다고 선포할 뿐만 아니라, 하나님께서 영원 전에 어떤 사람들을 선택하셔서 이 세상에서 사는 동안 다른 사람들이 아닌 하나님께서 영원 전에 선택하신 바로 그 사람들이 그리스도를 믿고 그 믿음 안에서 인내하게 하신다고 선포한다. 기록된 말씀이 증언한다. "세상 중에서 내게 주신 사람들에게 내가 아버지의 이름을 나타내었나이다."(요 17:6). "영생을 주시기로 작정된 자는 다 믿더라"(행 13:48). "곧 창세전에 그리스도 안에서 우리를 택하사 우리로 사랑 안에서 그 앞에 거룩하고 흠이 없게 하시려고"(엡 1:4).

## 오류 2

항론파의 주장
: 영생을 주시는 하나님의 선택에는 여러 종류가 있다. 일반적이며 불확정적인 선택이 있고, 특별하며 확정적인 선택이 있다. 특별하며 확정적인 선택에는 불완전하고 취소될 수 있으며 미결정적이고 조건적인 선택과 완전하고 취소될 수 없으며 결정적이고 절대적인 선택이 있다. 마찬가지로, 믿음에 이르는 선택이 있고, 구원에 이르는 선택이 있다. 따라서 구원받는 결정적인 선택까지는 아니더라도 의롭게 하는 믿음을 주시는 선택이 있을 수 있다.

성경에 따른 반론
: 이 주장은 성경의 가르침과는 상관없이 사람이 자기 머리에서 지어낸 이야기이며, 선택에 관한 성경의 가르침을 왜곡하고 다음과 같은 구원의 황금 사슬을 끊어 버린다. "또 미리 정하신 그들을 또한 부르시고 부르신 그들을 또한 의롭다 하시고 의롭다 하신 그들을 또한 영화롭게 하셨느니라"(롬 8:30).

## 오류 3

항론파의 주장
: 성경이 선택 교리에서 말하는 하나님의 선하신 기쁘심과 뜻은 하나님께서 어떤 사람들은 택하시고 어떤 사람들은 택하지 않으신다는 것이 아니다. 오히려 하나님께서는 (율법의 행위를 포함한) 모든 가능한 조건 중에서 불완전한 믿음의 순종은 물론 본질적으로 구원받는 데 아무런 가치 없는 신앙의 행위도 구원의 조건으로 선택하신다는 것이다. 그리고 하나님께서는 은혜롭게도 이런 것들을 완전한 순종으로, 영생의 상을 받을 만한 가치 있는 것으로 여겨주신다.

성경에 따른 반론
: 이 치명적인 오류는 하나님의 선하신 기쁘심과 그리스도의 공로를 아무런 의미도 없는 것으로 만들어 버린다. 또 사람들이 무익한 연구를 하게 함으로써 받을 자격 없는 사람들에게 베푸시는 칭의의 진리와 성경 교훈의 단순성에서 멀어지게 한다. 이 주장은 사도의 다음 증언을 거짓이라고 비난한다. "하나님이 우리를 구원하사 거룩하신 소명으로 부르심은 우리의 행위대로 하심이 아니요 오직 자기의 뜻과 영원 전부터 그리스도 예수 안에서 우리에게 주신 은혜대로 하심이라"(딤후 1:9).

## 오류 4

**항론파의 주장**
: 믿음에 이르는 선택을 받기 위한 전제 조건으로 사람은 본성의 빛을 올바르게 사용해야 하며, 경건하고, 주제넘지 않고, 겸손하며, 영생을 준비해야 한다. 선택은 이런 요소들에 어느 정도 의존하는 것처럼 보이기 때문이다.

**성경에 따른 반론**
: 펠라기우스의 냄새를 풍기는 이 주장은 사도의 가르침과 반대된다. "전에는 우리도 다 그 가운데서 우리 육체의 욕심을 따라 지내며 육체와 마음의 원하는 것을 하여 다른 이들과 같이 본질상 진노의 자녀이었더니 긍휼이 풍성하신 하나님이 우리를 사랑하신 그 큰 사랑을 인하여 허물로 죽은 우리를 그리스도와 함께 살리셨고 (너희는 은혜로 구원을 받은 것이라) 또 함께 일으키사 그리스도 예수 안에서 함께 하늘에 앉히시니 이는 그리스도 예수 안에서 우리에게 자비하심으로써 그 은혜의 지극히 풍성함을 오는 여러 세대에 나타내려 하심이라 너희는 그 은혜에 의하여 믿음으로 말미암아 구원을 받았으니 이것은 너희에게서 난 것이 아니요 하나님의 선물이라 행위에서 난 것이 아니니 이는 누구든지 자랑하지 못하게 함이라"(엡 2:3-9).

## 오류 5

**항론파의 주장**
: 어떤 사람들을 구원하는 불완전하고 미결정적인 선택은 이제 막 시작됐거나 일어난 지 얼마 안 된, 앞을 내다본 믿음과 회심과 거룩함과 경건함을 근거로 이루어진다. 반면, 어떤 사람들을 구원하는 완전하고 결정적인 선택은 믿음과 회심과 거룩함과 경건함 안에서 끝까지 앞을 내다본 인내 때문에 이루어진다. 그리고 택함 받은 사람이 택함 받지 못한 사람보다 더 가치 있으므로 이 선택이 은혜롭고 복음적인 가치를 지니게 된다. 그러므로 믿음, 믿음의 순종, 거룩함, 경건함, 인내는 영광에 이르게 될 사람들이 맺게 될 불변하는 선택의 열매나 효과가 아니라, 완전한 선택 안에서 택함 받을 사람들에게 필요한 조건과 원인이며, 그들 안에서 성취될 것으로 하나님께서 앞을 내다보신 것이다.

**성경에 따른 반론**
: 이 주장은 성경 전체의 가르침에 어긋난다. 성경은 성경 전체에 걸쳐 다음과 같은 말씀들을 우리의 마음과 귀에 새긴다. "택하심을 따라 되는 하나님의 뜻이 행위로 말미암지 않고 오직 부르시는 이로 말미암아 서게 하려 하사"(롬 9:11). "영생을 주시기로 작정된 자는 다 믿더라"(행 13:48). "곧 창세전에 그리스도 안에서 우리를 택하사 우리로 사랑 안에서 그 앞에 거룩하고 흠이 없게 하시려고"(엡 1:4). "너희가 나를 택한 것이 아니요 내가 너희를 택하여"(요 15:16). "만일 은혜로 된 것이면 행위로 말미암지 않음이니 그렇지 않으면 은혜가 은혜 되지 못하느니라"(롬 11:6). "사랑은 여기 있으니 우리가 하나님을 사랑한 것이 아니요 하나님이 우리를 사랑하사 우리 죄를 속하기 위하여 화목제물로 그 아들을 보내셨음이라"(요일 4:10).

## 오류 6

**항론파의 주장**
: 구원에 이르는 모든 선택이 불변하는 것은 아니다. 택함 받은 사람 중 어떤 사람들은 멸망할 수 있고, 실제로 영원히 멸망한다. 그들이 멸망하지 않도록 하나님께서 지켜주시겠다는 작정이 없기 때문이다.

**성경에 따른 반론**
: 항론파는 이 엄청난 오류로 하나님을 변덕스러운 분으로 만들고, 경건한 사람들이 자신들이 받은 선택의 견고함으로 말미암아 누리는 위로를 파괴하며, 성경의 가르침을 부정한다. 그러나 성경은 택하신 자들이 미혹될 수 없으며(마 24:24), 하나님 아버지께서 예수 그리스도께

주신 자 중에 한 사람도 그리스도께서 잃어버리지 아니하시고(요 6:39), 하나님께서 미리 정하신 그들을 또한 부르시고 부르신 그들을 또한 의롭다 하시고 의롭다 하신 그들을 또한 영화롭게 하신다고 가르친다(롬 8:30).

## 오류 7

항론파의 주장
: 이 세상에서는 변할 수 있고 불확실한 조건에 의존하는 것 말고는, 누구도 영광에 이르는 불변하는 선택을 받는 것에 대해 어떤 열매도 자각도 확신도 가질 수 없다.

성경에 따른 반론
: 불확실한 확실성을 말하는 것 자체가 터무니없을 뿐 아니라 항론파의 주장은 성도들의 경험과도 맞지 않는다. 왜냐하면, 성도들은 자신들이 택함 받았음을 자각함으로 사도와 함께 크게 기뻐하며, 하나님께서 주신 이 선택의 은혜로 말미암아 찬양하기 때문이다. 성도들은 그리스도의 제자들과 함께 자신들의 이름이 하늘에 기록된 것으로 기뻐한다(눅 10:20). 마지막으로 성도들은 마귀가 유혹의 불화살을 쏠 때도 자신들이 택함 받은 자라는 것을 자각하면서 다음과 같이 "누가 능히 하나님께서 택하신 자들을 고발하리요?"(롬 8:33)라고 말하며 그 시험을 물리친다.

## 오류 8

항론파의 주장
: 하나님께서는 단지 하나님의 공의로우신 뜻을 따라 누구는 아담의 타락과 죄의 공통된 상태와 정죄 가운데 남겨 두기로, 또는 믿음과 회개에 필요한 은혜를 주시는 일에 누구는 주시지 않고 지나치기로 결정하지 않으신다.

성경에 따른 반론
: 이런 주장에 대해 다음과 같은 말씀들이 꿋꿋이 서 있다. "그런즉 하나님께서 하고자 하시는 자를 긍휼히 여기시고 하고자 하시는 자를 완악하게 하시느니라"(롬 9:18). 또한, "천국의 비밀을 아는 것이 너희에게는 허락되었으나 그들에게는 아니되었나니"(마 13:11). 비슷하게 "천지의 주재이신 아버지여, 이것을 지혜롭고 슬기 있는 자들에게는 숨기시고, 어린아이들에게는 나타내심을 감사하나이다. 옳소이다. 이렇게 된 것이 아버지의 뜻이니이다"(마 11:25-26).

## 오류 9

항론파의 주장
: 하나님께서 어떤 민족에게는 복음을 주시고, 또 어떤 민족에게는 복음을 주시지 않는 이유는 이것만이 하나님의 선하신 뜻이어서가 아니다. 오히려 복음을 받은 어떤 민족이 복음을 받지 못한 다른 민족보다 더 낫고 가치 있기 때문이다.

성경에 따른 반론
: 모세는 이스라엘 백성에게 다음과 같이 말하면서 이 주장의 오류를 반박한다. "하늘과 모든 하늘의 하늘과 땅과 그 위의 만물은 본래 네 하나님 여호와께 속한 것이로되 여호와께서 오직 네 조상들을 기뻐하시고 그들을 사랑하사 그들의 후손인 너희를 만민 중에서 택하셨음이 오늘과 같으니라"(신 10:14-15). 그리스도께서도 다음과 같이 말씀하셨다. "화 있을진저 고라신아 화 있을진저 벳새다야 너희에게 행한 모든 권능을 두로와 시돈에서 행하였더라면 그들이 벌써 베옷을 입고 재에 앉아 회개하였으리라"(마 11:21).

✚ 눅 19:1-10

"예수께서 여리고로 들어가 지나가시더라. 삭개오라 이름하는 자가 있으니 세리장이요 또한 부자라. 그가 예수께서 어떠한 사람인가 하여 보고자 하되 키가 작고 사람이 많아 할 수 없어, 앞으로 달려가서 보기 위하여 돌무화과나무에 올라가니 이는 예수께서 그리로 지나가시게 됨이러라. 예수께서 그 곳에 이르사 쳐다 보시고 이르시되 삭개오야 속히 내려오라 내가 오늘 네 집에 유하여야 하겠다 하시니, 급히 내려와 즐거워하며 영접하거늘, 뭇 사람이 보고 수군거려 이르되 저가 죄인의 집에 유하러 들어갔도다 하더라. 삭개오가 서서 주께 여짜오되 주여 보시옵소서 내 소유의 절반을 가난한 자들에게 주겠사오며 만일 누구의 것을 속여 빼앗은 일이 있으면 네 갑절이나 갚겠나이다. 예수께서 이르시되 오늘 구원이 이 집에 이르렀으니 이 사람도 아브라함의 자손임이로다. 인자가 온 것은 잃어버린 자를 찾아 구원하려 함이니라"

# 제한 속죄, 잃어버린 자를 찾아 구원하려함이라

**TULIP 3**

우리가 지금 살펴보고 있는 믿음을 세우는 이 다섯 기둥의 순서에는 그렇게 큰 의미가 없습니다. '전적 타락'과 '성도의 견인'은 구원의 시작과 구원의 완성이라는 측면에서 앞뒤에 위치하지만, 중간의 세 기둥은 순서나 논리의 전후가 나누어졌다기보다는 서로 긴밀하게 연결되어 있습니다. 그래서 한 내용을 살펴보면 자연스럽게 다른 기둥들이 이어지거나 함께 나타납니다. 이번에 살펴볼 '제한 속죄'는 앞서 살펴본 '무조건적 선택'과 이후에 다룰 '불가항력적 은혜'와 함께 우리의 구원을 설명합니다.

: 도르트신조 :

▶ 둘째 교리:
그리스도의 죽으심과 그 죽으심으로 말미암은 사람의 구속

1항: 하나님의 공의가 요구하는 형벌

하나님께서는 지극히 자비로우실 뿐만 아니라 지극히 공의로우시다. 하나님의 공의는 (하나님께서 말씀에서 하나님 자신을 계시하신 것과 같이) 하나님의 무한하신 위엄을 거슬러 저지른 우리의 죄에 대해 우리 몸과 영혼 모두에 일시적인 형벌들과 영원한 형벌을 요구한다. 하나님의 공의에 대하여 하나님께서

만족하시지 않는 한 우리는 이 형벌들을 면할 수 없다.

**2항: 그리스도께서 하나님의 공의에 대하여 하나님을 만족하시게 하심**

하지만 우리 스스로는 하나님의 공의에 대한 만족을 하나님께 드릴 수 없으며, 하나님의 진노로부터 우리 자신을 건져 낼 수도 없다. 그래서 하나님께서는 하나님의 무한하신 자비로 하나님의 독생자를 우리에게 보증으로 주시고, 보증이신 독생자 그리스도께서 우리를 위해 하나님의 공의에 대한 만족을 하나님께 드리시도록, 십자가에서 우리를 위해, 우리를 대신해 그리스도께서 죄와 저주가 되게 하셨다.

**3항: 그리스도의 죽으심이 지니는 무한한 가치**

하나님의 아들의 이 죽으심은 죄에 대한 유일하고 전적으로 완전한 희생제사이자 만족이며, 무한한 가치를 지니기에 온 세상의 죄를 속하는 데 넘치도록 충분하다.

## 제한 속죄, 정직히 대면하기

'제한 속죄'는 종종 '기독교는 자기들만 구원받는다고 믿는 편협하고 독선적인 종교다'라는 비난의 근거가 되거나, 혹은 '하나님은 능력이 부족하고 제한적이어서 구원도 제한적이다'라는 오해를 일으킵니다. 그러나 이 '제한 속죄'는 성경이 분명하게 알려주는 구원의 도리이며, 다른 기둥들과 마찬가지로 이 위에 우리의 믿음이 견고하고 안전하게 세워질 뿐만 아니라, 구원의 은혜를 더욱 풍성히 누리게 하는 중요한 교리입니다.

성경을 보면 '제한 속죄'는 결코 틀린 말이 아니며, 오히려 하나님의 전지전능하심과 우리를 향하신 사랑을 잘 드러내는 말임을 분명히 알 수 있습니다. 성경은 분명 '하나님께서 어떤 자는 구원하시고, 어떤 자는 구원하지 않으신다'라고 가르칩니다. 또한 구원받은 자들이 영원히 기쁨 가운데 거할 천국과 구원받지 못한 자들이 영원히 고통 가운데 거할 지옥도 분명히 있다고 가르칩니다.

'사랑'의 특성을 잘 이해해야 합니다. 사랑은 일면 차별적입니다. 한 남자가 다른 여자들에게 친절할 수는 있습니다. 선을 베풀고 도움을 줄 수도 있지만, 아내와 같을 수는 없습니다. 남편에게는 오직 아내와 주고받을 수 있는 특별하고 차별적인 사랑이 존재합니다. 모든 여자를 아내처럼 사랑할 수도 없고 그래서도 안됩니다. 만약 그렇다면 그것은 참된 사랑이 아닙니다. 오히려 사랑을 모욕하고 더럽히며 그 가치를 내팽개치는 일입니다.[4]

선을 사랑하는 사람은 악을 사랑할 수 없고, 악을 행하는 자는 선을 외면합니다. 진실을 선택한 사람은 거짓을 거부하고, 거짓을 선택한 사람은 진실을 부정합니다. 만약 선과 악을 동시에 사랑하여 똑같이 반응한다면 그것은 인격이 없는 기계입니다. 자판기는 사람을 가리지 않습니다. 선한 사람이나 악한 사람이나 넣은 돈의 액수만큼 물건을 내줍니다. 그것은 사랑이 아닙니다.

그러나 사람은 다릅니다. 인격이 있고, 선악을 아는 도덕적 기준과 능력이 있는 존재이기 때문입니다. 뉴스에 악인이 나오면 손가

---

4 존 파이퍼, 『존 파이퍼와 떠나는 칼빈주의 여행』, 김태형 역, 좋은씨앗, 2022, p95.

### 4항: 그리스도의 죽으심이 무한한 가치를 지니는 이유

그리스도의 죽으심이 무한한 가치를 지니는 이유는 죽음을 겪으신 그리스도께서 우리의 구주가 되시기 위해 필요한 조건으로 완전히 거룩한 사람이실 뿐만 아니라, 하나님의 독생자로서 성부 하나님과 성령 하나님과 본질이 같으시고, 동등하게 영원하시며 무한하신 분이기 때문이다. 또한, 그리스도의 죽으심은 우리가 지은 죄 때문에 우리가 마땅히 받아야 할 하나님의 진노와 저주를 그리스도께서 우리 대신 겪으신 것이기 때문에 무한한 가치를 지닌다.

### 5항: 모든 사람에게 복음을 선포하라고 명령하심

더욱이 복음은 십자가에 못 박히신 그리스도를 믿는 자마다 멸망하지 않고 영생을 얻을 것이라고 약속한다. 이 약속은 회개하고 믿으라는 명령과 함께 모든 나라 모든 사람에게, 그렇게 모든 사람이 복음 듣기를 원하시는 하나님의 선하신 기쁘심에 따라 어떠한 차별이나 예외 없이 선언되고 선포되어야 한다.

**6항: 불신앙에 대한 사람의 책임 – 어떤 사람들이 믿지 않는 이유**

하지만, 복음을 통해 부르심 받은 사람 중 많은 사람이 회개하지 않고 그리스도를 믿지 않아서 불신앙 가운데 멸망한다. 이들이 멸망하는 것은 그리스도께서 십자가에서 드리신 희생제사가 흠이 있거나 불충분해서가 아니라 그들 자신의 잘못 때문이다.

**7항: 하나님께서 믿음을 선물로 주심 – 어떤 사람들이 믿는 이유**

그러나 참되게 믿고 그리스도의 죽으심으로 말미암아 그들이 받아야 할 죄와 멸망에서 건짐 받고 구원받는 사람들은 오직 하나님의 은혜로 이 혜택을 받는다. 하나님께서는 어느 누구에게도 이 은혜를 베푸실 의무가 없다. 다만 이 은혜는 하나님께서 영원 전에 그리스도 안에서 그들에게 주신 것이다.

**8항: 그리스도의 죽으심으로 말미암는 구원의 효과**

왜냐하면 하나님께서 택함 받은 사람들에게만 의롭다 함을 받는 믿음을 선

---

락질이라도 한번 해야 속이 시원합니다. 사람 안에 양심과 도덕이 최소한으로라도 기능하기에 누구나 선을 칭찬하고 악을 비난합니다.

하나님은 어떠하실까요? 하나님도 모든 사람들에게 자비를 베푸십니다. 선인과 악인에게 햇볕과 비를 내리시고 공기를 주시고 이 사회가 유지되도록 질서를 주십니다. 그러나 또 하나님은 자기 백성을 다른 양 떼와 구별하여 '내 양떼'라고 부르시고(렘 23:1;겔 34:8, 31;요 10:27, 21:16-17;행 20:28) 교회를 '내 신부'라고 부르십니다(엡 5:25-27,32;계 19:7, 21:2, 9, 22:17). 구별되는 사랑, 특별한 사랑이 있다는 것입니다. 하나님은 기계가 아닌 인격적인 분이십니다. 그는 모든 윤리와 도덕의 조성자이시며 기준이십니다. 완전히 선하시고 완전히 공의로운 분이십니다. 그래서 하나님은 선을 기뻐하시고 악을 미워하십니다.

모든 사람은 하나님 앞에 '죄인'입니다. 그 누구도 하나님 앞에서 자신의 선을 자랑하며 의를 내세울 수 없습니다. 전적으로 타락하여 하나님께서 싫어하시는 악을 행하고, 전적으로 무능하여 하나님께서 기뻐하시는 선

을 행하지 못합니다. 사람이 하나님께 받을 수 있는 것은 저주와 심판 밖에 없습니다. 그러나 하나님께서는 죄인을 사랑하셨고, 사랑하시는 자들을 구원하시기로 결정하셨습니다. 그리고 하나님께서는 이 모든 일을 당신의 아들 예수 그리스도께 맡기셨습니다.

불신자들이 이 '제한 속죄'를 비난하는 것은 논리적으로 말이 되지 않습니다. 그들은 구원을 믿지도, 바라지도 않습니다. 바라지도 않고 믿지도 않는 것을 왜 나에게는 주지 않았냐고 비난하는 것은 모순입니다. 그리스도인이 이를 비난하는 것도 말이 안됩니다. 하나님 앞에 저주 받을 죄인이라는 우리의 상태를 알고, 그 안에서 구원을 받았습니다. 내가 받을 수 없는 것을 받았기에 애초에 다른 사람의 구원 여부에 대해 논할 자격이 없습니다. 그 구원의 은혜에 감사와 찬송을 드리는 것 외에는 할 수 있는 것이 없습니다.

만약 모두가 구원받을만한 자격이 있는데 하나님께서 차별하여 구원을 베푸신다면 '차별적'이라는 비난이 어느 정도 타당성을 가질 수 있을 것입니다(가질 수 있다는 것이지 가진다

물로 주시고, 이 믿음으로 그들이 반드시 구원받게 하시기 위해 하나님의 아들이 고귀하게 치르신 죽음을 통해 택하신 자들을 효과적으로 살리고 구원하는 것이 바로 하나님의 전적으로 주권적인 계획과 은혜로 풍성한 뜻이며 의도였기 때문이다.

다시 말하면, 하나님의 뜻은 모든 백성과 족속과 나라와 방언 가운데서 영원 전에 하나님께서 구원받도록 택하셔서 그리스도께 주신 모든 사람을 그리스도께서 십자가에서 흘리신 (새 언약을 확증하는) 피를 통해 효과적으로 구속하시는 것, 그리스도께서 (성령님께서 주시는 다른 구원하는 은사들과 같이 그들을 위해 자신의 죽으심으로 값 주고 사신) 믿음을 그들에게 주시는 것, 그들의 원죄와 그들이 믿기 전에 지은 본죄나 믿은 후에 지은 본죄 모두 그리스도의 피로 깨끗하게 하시는 것, 그들을 끝까지 신실하게 지키셔서 마침내 티나 주름 잡힌 것 없이 그리스도 앞에 영광스러운 교회로 세우시는 것이다.

**9항: 하나님께서 세우신 계획의 성취**

택하신 자들을 영원히 사랑하시기 때문에 세우신 하나님의 이 계획은 태초부터 지금까지 매우 힘 있게 이루어져 왔으며 앞으로도 매우 힘 있게 이루어질 것이다. 음부의 권세가 이 계획을 좌절시키려고 헛되이 애쓴다 할지라도 계속해서 이루어질 것이다. 결국, 때가 되면 택함 받은 사람들은 하나로 모이며, 그리스도의 피 위에 세워진 신자의 교회는 항상 있을 것이다. 이 교회는, 신랑이 자신의 신부를 위해 하듯, 십자가 위에서 자신의 교회를 위해 자기 목숨을 버리신 그들의 구주 그리스도를 늘 변함없이 사랑하고, 끊임없이 예배하며, 지금부터 영원히 찬양할 것이다.

• 지금까지 그리스도의 죽으심과 그 죽으심으로 말미암은 사람의 구속에 관한 참된 교리를 밝히 드러냈으므로, 총회는 다음의 오류들을 거부한다.

**오류 1**

항론파의 주장
: 성부 하나님께서는 어떤

는 것이 아닙니다. 그것 역시 매우 미미한 타당성입니다. 피조물이 어떻게 창조주의 결정을 따지고 평가할 수 있겠습니까). 그러나 그 누구도 구원받을 만한 자격이 없는데, 그 중에서 하나님의 뜻에 따라 구원이 주어졌다면요?

구원받지 못한 자는 그 죄에 따라 원래 받아야 할 심판을 받을 뿐입니다. 특별한 것을 잃어버린 것도, 받은 것도 아닙니다. 원래 받지 못할 구원을 받지 못했을 뿐이고, 원래 받아야 할 심판을 받을 뿐입니다. 구원을 받은 자는 받을 수 없는 걸 받은 것입니다. 받아야 할 심판을 받지 않은 것이고, 받지 못할 구원을 받은 것입니다. 때문에 우리는 원망할 수도, 교만할 수도 없습니다. 이것이 '제한 속죄'가 말하는 성경적 구원의 원리입니다.

## 어려움을 논해야 하는 한계, 그럼에도

그러나 '제한 속죄'라는 말 역시 성경이 말하는 구원의 풍성함을 다 표현하지 못하는 한계가 있습니다. 그래서 어떤 신학자는 '제한 속죄'라는 말 대신에 '특별 구속' 혹은 '특정

구속'이라고 말합니다.[5] 하나님께서 구원하실 자를 특별히 정하시고 그 구원을 이루셨다는 의미입니다.

많은 사람들이 '제한 속죄'의 반대말을 '보편 속죄'라고 생각합니다. '보편 속죄'는 예수님께서 구원의 가능성을 모든 사람에게 주셨고, 사람이 그 문을 스스로 열고 들어가 구원이라는 트로피를 쟁취하는 것이라고 믿습니다. 좋아 보입니다. 모두에게 기회와 가능성을 제공하는 것 같습니다. 그러나 그렇지 않습니다.

크게 두 가지의 측면에서 그러합니다. 첫째로 우리에게는 그 기회를 잡고, 가능성을 실현시킬만한 능력이 없습니다. 구원 얻을 방법은 이미 구약을 통해 충분히 제시되었습니다. 율법을 하나도 빠트리지 않고 완벽하게 지키면 됩니다. 하지만 그럴 수 있습니까? 그만한 능력이 우리에게 있습니까? 그럴 수 없음을 우리는 이미 잘 압니다. 성경을 통해 보편 구원을 이해하려 한다면, 그 안에서 구원

사람들을 구원할 변하지 않고 분명한 작정 없이 그리스도께서 십자가에서 죽게 하셨다. 그러나 그리스도께서 자신의 죽으심으로 얻으신 구속의 필요성과 유익과 가치는, 비록 그리스도께서 얻으신 구속이 실제로 어느 누구에게도 적용되지 않았다 할지라도, 모든 면에서 완벽하고 완전하며 온전하게 남아 있을 것이다.

성경에 따른 반론
: 항론파의 주장은 성부 하나님의 지혜와 예수 그리스도의 공로를 모욕하고, 성경의 가르침을 거스른다. 우리 구주께서 다음과 같이 말씀하셨기 때문이다. "나는 양을 위하여 목숨을 버리노라"(요 10:15). "나는 그들을 알며"(요 10:27). 선지자 이사야는 구주에 대해 다음과 같이 말했다. "그의 영혼을 속건제물로 드리기에 이르면 그가 씨를 보게 되며 그의 날은 길 것이요 또 그의 손으로 여호와께서 기뻐하시는 뜻을 성취하리로다"(사 53:10). 마지막으로 이 거짓 주장은 교회에 관하여 우리가 믿는 바를 고백하는 신경을 거스른다.

---

5  제임스 몽고메리 보이스, 필립 그레이엄 라이큰, 『개혁주의 핵심』, 이용중 역, 부흥과개혁사, 2010, p167.

**오류 2**

**항론파의 주장**
: 그리스도께서 죽으신 목적은 자신의 피로 새 언약을 실제로 이루시는 것이 아니라, 은혜 언약이든지 행위 언약이든지 사람과 한 번 더 언약을 맺으실 권리만을, 성부 하나님을 위해 그리스도께서 얻으시는 것이었다.

**성경에 따른 반론**
: 항론파의 이 거짓 주장은 성경의 가르침에 모순된다. 성경은 그리스도께서 더 좋은 언약, 곧 새 언약의 보증과 중보자가 되셨으며(히 7:22), 유언은 유언한 자가 죽은 후에야 유효하다고 가르친다(히 9:15, 17).

**오류 3**

**항론파의 주장**
: 그리스도께서는 자신이 드리신 만족하시게 하심을 통해 실제로 어느 누구를 위한 구원 그 자체를 공로로 얻으신 것이 아니며, 구원받게 하는 그리스도의 이 만족하시게 하심이 실제로 어느 누구의 것이 되게 하는 믿음도 공로로 얻으신 것이 아니다. 그리스도께서는 다만 성부 하나님을 위해 사람과 새롭게 관계를 맺고 성부 하나

의 확신과 평안을 누리긴 어렵습니다.

다른 하나는, 이러한 믿음은 그리스도의 모든 사역을 무용지물로 만들어 버린다는 점입니다. 예수님께서는 십자가에서 우리의 죗값을 대신 치르셨고, 하나님과의 화목과 화평을 이루셨습니다. 죄 사함을 가능하게 하신 것이 아니라 죄 사함을 실제로 이루셨습니다. 우리를 구원받을 수 있게 하신 것이 아니라, 실제로 구원하셨습니다. 이 구원은 우리가 무언가를 더해야 이루어지는 부족하고 모자란 '가능한 것, 가정적인 것'이 아닙니다. 온전히 성취된 '완벽히 이루어진 사실'입니다.

'제한 속죄'의 반대말은 '보편 속죄'가 아닙니다. '모호한 구원'입니다. 그것이 실제로 일어날지 알 수 없어서 끊임없이 의심과 불안에 시달려야 하는 그런 구원입니다. 예전에 보편 속죄, 가정적 구원을 믿는 분과 대화를 나눈 적이 있습니다. 평소 열심히 신앙생활하는 분이었습니다.

"구원의 확신이 있으십니까?"
"아니요. 저는 그저 구원을 이루기 위해 애쓸

뿐입니다. 지금 같아서는 저의 구원은 너무 먼 것 같습니다. 이래서는 구원을 얻지 못할 것이 분명합니다."

## 평안과 자유, 하나님의 주권 인정하기

고급 식당이 있습니다. 너무 비싸서 어느 누구도 갈 수 없습니다. 그런데 어느 날 어떤 분이 '사랑하는 사람'을 위해 모든 값을 다 지불하고 그를 그 식당으로 초대했습니다. 그러면 초대받은 자가 할 일은 무엇입니까? 맛있게 먹으면 됩니다. 거기서 음식값을 걱정하고 주저한다면 그것이 옳은 일이겠습니까? 벌금을 낼 일이 생겼습니다. 감당하기 어려울 만큼 너무 큰 금액입니다. 그런데 누가 대신 그 벌금을 다 처리했습니다. 이제 그 벌금으로부터 자유합니다. 그것을 어떻게 처리할지 전전 긍긍하며 두려움에 떨 필요가 없습니다.

이것이 우리가 받은 구원입니다. 예수님께서는 우리의 모든 죄의 값을 그의 목숨으로 대신 다 지불해 주셨습니다. 우리가 받아야 할 모든 죄의 심판을 대신 다 감당하셨습니다. 그래서 우리는 죄에서 자유를 얻었고

님께서 원하시는 대로 새로운 조건을 세우는 권위와 완전한 의지만을 공로로 얻으신 것이다. 하지만 이 조건들을 충족하게 하는 것은 사람의 자유로운 선택에 달려 있다. 따라서 모든 사람이 이 조건이 충족되게 할 수도 있고, 단 한 사람도 이 조건이 충족되지 않게 할 수도 있다.

성경에 따른 반론
: 항론파는 그리스도의 죽으심을 너무도 가볍게 생각하고 있다. 또 그리스도께서 자신의 죽으심으로 얻으신 가장 중요한 열매와 혜택을 전혀 인정하지 않으며, 정죄 받은 펠라기우스의 오류를 지옥에서 다시 가져왔다.

오류 4

항론파의 주장
: 그리스도의 죽으심으로 이루어진 중보를 통해 하나님께서 사람과 은혜 언약을 새로 맺으셨지만, 우리가 그리스도의 공로를 받아들인다고 해서 우리가 하나님께 의롭다 하심을 받고 믿음으로 구원받는 것은 아니다. 오히려 이 새로운 은혜 언약은 하나님께서 율법에 완전히 순종하라는 요구를 사람에게서 철회하시고, 믿음 그 자체와 불완전한 순종을 율법

에 대한 완전한 순종으로 여겨 주실 뿐만 아니라, 은혜롭게도 그 믿음과 불완전한 순종을 영생의 상을 받을 만한 가치 있는 것으로 여겨주신다는 것이다.

성경에 따른 반론
: 이 주장은 성경과 모순된다. "그리스도 예수 안에 있는 속량으로 말미암아 하나님의 은혜로 값없이 의롭다 하심을 얻은 자 되었느니라 이 예수를 하나님이 그의 피로써 믿음으로 말미암는 화목제물로 세우셨으니"(롬 3:24-25). 또한 항론파는 간악한 소시누스가 모든 교회가 일치하여 고백한 믿음을 거슬러 그랬던 것처럼 하나님 앞에서 성경과 다른 칭의 교리를 주장하는 것이다.

오류 5

항론파의 주장
: 모든 사람이 하나님과 화목하고 은혜 언약으로 받아들여졌으므로 어느 누구도 원죄 때문에 정죄 받지 않으며, 정죄 받지 않을 것이다. 모든 사람은 원죄에 대한 책임에서 벗어났다.

성경에 따른 반론: 이 주장은 우리가 본질상 진노의 자녀라는 성경의 가르침과 충돌한다(엡 2:3).

심판에서 해방됐습니다. 우리는 그저 주께서 우리에게 주신 구원의 은혜 안에서 생명을 누리며 자유를 만끽하면 됩니다.

그런데 혹시 여전히 두려움에 떨며 구원을 의심하고 있지는 않습니까? 우리를 부르시고 믿음을 주시며 그 구원을 누리게 하시는 주님의 은혜야말로 우리의 참된 평안과 기쁨이며 위로와 안식입니다. 그 은혜는 절대로 취소되거나 땅에 떨어지지 않습니다.

하나님께서는 당신이 사랑하시는 자녀의 구원을 불확실성에 맡기지 않으십니다. 부족하고 모자란 사람의 능력에 맡기지도, 썩어 없어질 피조물에게도 의존하지 않으십니다. 하나님께서 직접 정하시고, 부르시고, 실현된 은혜를 주셔서 마침내 영원하고 완전한 구원의 은혜를 누리게 하십니다.

## 은혜로의 '특별'한 초청

삭개오는 세리장이었습니다. 민족적으로는 배신자와 매국노였고, 도덕적으로는 추악한 범죄자였으며, 종교적으로는 부정한 사람이었습니다. 마을에 오신 예수님을 보기 위해 나무 위에 올라갈 만큼 키가 작았던 그는, 여러 면에서 작고 초라한 존재였습니다.

그러한 삭개오를 예수님께서 부르셨습니다. 아무도 삭개오란 이름을 알려주지 않았지만, 예수님은 이미 그 이름을 아셨습니다. 그리고 삭개오의 집으로 자기 자신을 스스로 초청하십니다. '삭개오야 오늘 내가 너희 집에 가도 되겠니? 네가 만약 받아주면 네가 구원을 받을 건데, 혹시 가능할까?' 그렇게 말씀하지 않으셨습니다. 예수님은 가능성이 아닌 확실한 사실을 말씀하십니다. '내가 오늘 너의 집에 유하여야겠다. 나는 오늘 너의 집에 간다. 나는 오늘 너를 구원한다.' 그리고 그 집에 구원이 임합니다. 삭개오는 이후 자신의 삶의 총체적인 변화를 통해 그 구원을 증거하기 시작합니다.

주님은 모호한 가능성이 아닌, 그가 이미 정한 사실을 말씀하셨습니다. 이미 해결하셨고 준비해 놓으신 구원을 그에게 건네신 것입니다. '삭개오'는 '정결한 사람'이라는 뜻입니다. 하지만 그는 정결하지 않았고, 스스로를 정결하게 할 수도 없었습니다. 주님께서 그를

오류 6

항론파의 주장
: 하나님께서는 그리스도께서 자신의 죽으심으로 얻으신 혜택들을 모든 사람에게 똑같이 주기 원하시지만, 어떤 사람들은 죄를 용서받고 영생을 받지만 어떤 사람들은 받지 못한다. 이런 구별은 차별 없이 베푸시는 은혜를 적용하는 사람들의 자유의지에 따른 것이며, 그들 안에서 이 은혜를 다른 사람들보다 매우 힘 있게 적용하시는 하나님의 특별한 자비의 선물 때문은 아니다.

성경에 따른 반론
: 이렇게 가르치는 사람들은 구원을 받는 것과 구원을 적용하는 것의 구별을 오용함으로써 분별력이 부족하고 미숙한 사람들을 혼란하게 한다. 이들은 건전한 의미에서 이 구별을 제시하는 것처럼 가장하지만, 실제로는 사람들의 마음에 펠라기우스주의의 치명적인 독을 주입하려고 애쓰는 것이다.

오류 7

항론파의 주장
: 그리스도께서는 하나님께서 극진히 사랑하시고 영생에 이르도록 택하신 사람들을 위해 죽으실 수

도 없었고, 죽으셨어도 안 되며, 죽지도 않으셨다. 왜냐하면 그들은 그리스도의 죽으심을 필요로 하지 않기 때문이다.

성경에 따른 반론
: 항론파의 이 주장은 다음과 같이 선포하는 사도들의 가르침과 모순된다. "나를 사랑하사 나를 위하여 자기 자신을 버리신 하나님의 아들"(갈 2:20). 비슷하게 "누가 능히 하나님께서 택하신 자들을 고발하리요 의롭다 하신 이는 하나님이시니 누가 정죄하리요"(롬 8:33-34). 또한 이 주장은 다음과 같이 단언하시는 우리 구주의 가르침과도 모순된다. "나는 양을 위하여 목숨을 버리노라"(요 10:15). "내 계명은 곧 내가 너희를 사랑한 것 같이 너희도 서로 사랑하라 하는 이것이니라 사람이 친구를 위하여 자기 목숨을 버리면 이보다 더 큰 사랑이 없나니"(요 15:12-13).

정결하게 하셨습니다.

우리 주님의 구원은 모호하지 않습니다. 그 계획은 분명하고 확실하게 이루어집니다. 그것이 바로 우리가 받은 구원입니다. 연약한 우리의 의심으로 재단될 모호한 구원이 결코 아님을 잊지 맙시다. 주께서 우리에게 베푸신 구원의 은혜를 항상 찬송합시다.

성경과 신앙고백으로 만나는 종교개혁 신앙

✚ 눅 24:32

"그들이 서로 말하되 길에서 우리에게 말씀하시고 우리에게 성경을 풀어 주실 때에 우리 속에서 마음이 뜨겁지 아니하더냐 하고"

✚ 롬 11:29

"하나님의 은사와 부르심에는 후회하심이 없느니라"

# 불가항력적 은혜, 하나님의 은사와 부르심

**TULIP 4**

예수님께서 부활하신 날, 곧 첫 번째 부활절은 지금과는 상당히 다른 분위기였습니다. 주님의 부활에 대한 기쁨과 감사의 찬양보다는, 불안과 염려와 실망으로 가득했습니다. 여자들이 빈 무덤에서 천사들의 이야기를 듣고 주님의 부활 소식을 제자들에게 전했을 때 제자들의 반응은 한결 같이 부정적이었습니다. 제자들은 '허탄한 듯이 들려 믿지 않았습니다(눅 24:11). 다른 복음서들에도 공통적으로 그렇게 기록되어 있습니다. 베드로만이 직접 예수님의 빈 무덤을 확인했지만(눅 24:12) 특별한 반응을 보인 것도 아니었습니다.

: 도르트신조 :

▶ 셋째·넷째 교리
: 사람의 부패, 하나님께로의 회심과 그 회심이 일어나는 과정 (총 17항 중 7항에서 17항까지)

7항: 하나님께서 복음을 어떤 사람들에게는 주시고, 어떤 사람들에게는 주지 않으시는 이유

하나님께서는 복음을 통해 구원하시는 하나님의 뜻에 관한 비밀을 구약 아래에서는 단지 소수의 사람에게만 계시하셨다. 그러나 신약 아래에서는 민족 간의 차별 없이 많은 사람에게 이 비밀을 드러내셨다. 복음이 이러한 차이

더 심각한 것은, 그들이 예수님의 부활을 믿지 못했을 뿐만 아니라, 부활하신 주님을 보면서도 알아보지 못하는 일들이 벌어졌다는 사실입니다. 도마는 부활하신 주님을 보고 대화를 나누면서도 의심했습니다(요 20:25). 제자들은 예수님이 가까운 거리에 계셨는데도 알아보지 못했습니다(요 21:4). 심지어 오늘 본문에 나타난 두 명의 제자들은 예수님을 보고, 이야기하고 함께 걸으면서도 예수님을 예수님으로 알아보지 못했습니다.

이는 매우 중요한 사실을 의미합니다. 예수님을 예수님으로 아는 것, 예수님께서 부활하시고 영광 가운데 거하시며 우리에게 새로운 생명을 주신 그 모든 일을 깨닫고 믿는 일은 육체의 능력이나 기능으로 가능하지 않다는 것입니다. 우리의 육체의 눈이 아무리 좋고, 지식이 탁월하고, 몸의 모든 감각이 뛰어나도 그것이 예수님에 대한 믿음을 결정하지 못합니다. 사람의 힘과 의지로 예수님을 믿지 못한다는 말입니다. 예수님을 구주로 믿고 인정하고 따르는 일에는 우리의 의지와 능력 그 이상의 힘과 능력이 필요합니다. 그

---

를 두고 전해진 이유는 어느 한 민족이 다른 민족보다 더 가치가 있어서라거나, 본성의 빛을 더 잘 사용해서가 아니다. 오직 하나님의 주권적이며 선하신 기쁨과 받을 자격 없는 사람에게 베푸시는 하나님의 사랑 때문이다. 그러므로 마땅히 받아야 할 모든 것 대신에 오히려 그토록 심히 큰 은혜를 하나님께 받은 사람들은 겸손하고 감사하는 마음으로 이 사실을 인정해야 한다. 또한 이 은혜를 받지 못한 사람들에게 나타내신 하나님의 엄격하고 공의로운 심판에 대해 꼬치꼬치 캐물으려 해서는 결코 안 되며 사도들과 함께 경배해야 한다.

### 8항: 복음을 통해 진지하게 부르심

그렇지만 복음을 통해 부르심 받는 사람들은 진지하게 부르심을 받는다. 하나님께서는 진지하고 지극히 진실하게 하나님께서 기뻐하시는 것을 자신의 말씀에서 알려주시기 때문이다. 따라서 부르심을 받은 사람들은 하나님께 나와야만 한다. 하나님께서는 하나님께 나아와 자신을 믿는 모든 사람에게 영혼의 안식과 영생 또한 진지하게 약속하시기 때문이다.

은혜는 오직 하나님만이 우리에게 부어주십니다. 엠마오로 가던 두 제자의 이야기가 바로 이 '불가항력적 은혜'를 증거합니다.

**낙심과 절망, 은혜의 서막**

예수님께서는 사도들 외에도 예수님을 따르며 말씀을 배우던 여러 제자들이 있었습니다. 그 중 두 제자가 예루살렘을 떠나 엠마오로 갑니다. '엠마오로 갔다'는 것이 아니라, '예루살렘을 떠났다'라는 사실이 더 중요합니다. 왜냐면 그들은 단지 여행이나 이사를 가는 것이 아니라, 이전까지 함께 했던 신앙공동체를 떠나는 것이기 때문입니다. 즉, 그들은 지금 '믿음'을 떠나는 것이나 마찬가지입니다.

그들이 예루살렘을 떠나 엠마오로 가게 된 이유가 중요합니다. 그들이 길을 걷다 부활하신 예수님을 알아보지 못한 채로 주님과 이야기를 나눌 때 그들의 얼굴에는 '슬픈 빛'이 가득했습니다(눅 24:17). 예루살렘에서 일어난 일(18) 때문입니다. 그들이 믿고 따랐던 예수님을 대제사장들과 관리들이 십자가에 못 박아 죽였습니다(20). 예수님을 이스라엘

**9항: 부르심을 받은 사람 중 어떤 사람들이 복음을 거절하는 이유**

복음 사역을 통해 부르심을 받은 사람 중 어떤 사람들이 하나님께 나아와 회심하지 않는 것은 복음 탓도, 복음이 제시하는 그리스도의 탓도, 복음을 통해 사람들을 부르시고 그들에게 다양한 은사를 주시는 하나님의 탓도 아니다. 책임은 그들에게 있다. 어떤 사람들은 자신을 지나치게 믿고 생명의 말씀을 거부한다. 어떤 사람들은 생명의 말씀을 받되 마음에 새기지 않은 까닭에 일시적인 믿음에서 나오는 기쁨이 이내 사라지고 다시 원래의 상태로 돌아간다. 어떤 사람들은 세상이 주는 즐거움과 근심의 가시로 생명의 씨앗을 자라지 못하게 막아 아무 열매도 맺지 못하게 한다. 우리 구주께서는 씨 뿌리는 사람의 비유로 이 내용을 가르치신다(마 13장).

**10항: 부르심을 받은 사람 중 어떤 사람들이 하나님께 나아와 회심하는 이유**

복음 사역을 통해 부르심을 받은 사람 중 어떤 사람들은 하나님께 나아와 회심한다. 그러나 이를 사람의 공으로 돌려서는 안 된

다. (교묘한 펠라기우스주의자들이 주장하는 것처럼) 자신들이 하나님께 나아와 회심하는 것을 자유롭게 선택했기 때문에, 믿고 회심할 수 있는 똑같은 또는 충분한 은혜를 받은 다른 사람들과 자신들은 다르다고 할 수 없다. 어떤 사람들이 하나님께 나아와 회심하는 일은 전적으로 하나님으로 말미암는다. 하나님께서는 하나님의 백성을 영원 전에 그리스도 안에서 선택하셔서, 이 세상에서 사는 동안 그들을 효과적으로 부르시고, 믿고 회개하게 하시며, 흑암의 권세에서 건져 내사 그의 사랑의 아들의 나라로 옮기신다. 이는 성경에서 사도들이 자주 증언하는 것처럼, 그들로 하여금 그들을 어두운 데서 불러 내어 그의 기이한 빛에 들어가게 하신 이의 아름다운 덕을 선포하게 하고, 그들 자신을 자랑하지 않고 오직 주님만을 자랑하게 하시기 위해서다.

**11항: 하나님께서 회심을 일으키시는 방법**

더더군다나 하나님께서 택하신 자들 안에서 이 선하신 기쁨을 따라 행하실 때, 곧 그들 안에서 참된 회심이 일어나게 하실 때, 하나님께서는 복음이

의 구원자로 믿었지만 죽은 지 벌써 사흘 째입니다(21). 이제는 그가 살아날 가능성이 없다는 의미입니다. 그에게 걸었던 기대는 물거품이 되었습니다. 그런데 당시로는 증언에 어떤 효력도 없던 여자들이, 예수님이 부활하셨다는 천사들의 말을 들었다고 증언하고 다닙니다(22-23). 그 말로 인해서 놀랐지만 이내 실망했습니다. 왜냐면 두어 사람이 더 무덤이 비어 있는 것은 확인했지만 부활하신 예수님은 보지 못했기 때문입니다(24). 그들은 부활하신 예수님을 눈앞에 보고 있으면서도 부활하신 예수님을 보지 못했다는 사실로 인해 염려와 낙심, 슬픔에 빠졌습니다. 못 봐서 슬플 수 있고, 슬퍼서 못 볼 수도 있습니다. 그들을 향해 주님께서는 안타까운 탄식을 뱉으십니다. "미련하고 선지자들이 말한 모든 것을 마음에 더디 믿는 자들이여"(25) 그들은 주님께서 이미 여러 번 말씀하셨던 부활에 대한 약속과 구약의 선지자들이 예언했던 주님에 대한 말씀을 하나도 깨닫지도 믿지도 못하고 있었습니다.

두 제자가 예루살렘을 떠난 이유는 간단

합니다. 그들이 가졌던 믿음에 대한 기대와 소망이 하나도 이루어지지 않았기 때문입니다. 예수님이 구원자가 되어 삶의 모든 형편과 상황을 개선시켜 줄 것이라 기대했지만, 그 기대와 다르게 예수님은 십자가에서 죽으셨습니다. 부활하셨다는 이야기는 들리지만 부활하신 주님은 보이지 않았습니다. 함께 신앙생활하던 공동체도 뿔뿔이 흩어졌습니다. 수제자라고 자부하며 리더 역할을 하던 자들도 도망갔습니다. 그들의 신앙생활은 기쁨과 즐거움과 감사와 만족이 아닌, 슬픔과 불안과 염려로 채워졌습니다.

그래서 그들이 선택한 대안은 예루살렘을 떠나는 것이었습니다. 이런 신앙생활을 그만하기로 결정한 것이죠. 이렇게 기대를 저버리는, 바라는 것을 주지 못한 예수님의 제자로의 삶을 중단하기로 결정합니다. 함께 하던 신앙 공동체와도 결별하기로 결정합니다. 그래서 그들은 주님의 제자들과 성도들, 곧 교회가 있는 예루살렘을 떠납니다. 주님의 십자가와 복음의 증거가 남아 있는 예루살렘을 떠나, 예전 삶의 모습과 방식과 친구들이 그

그들에게 선포되도록 돌보시고, 성령님의 권능으로 그들의 지성을 밝게 하셔서 그들이 하나님의 성령께서 하시는 일들을 바르게 이해하고 분별하게 하신다. 이뿐만 아니라 하나님께서는 중생하게 하시는 동일한 성령님의 효과적인 일하심으로 사람의 가장 깊은 속까지 파고 들어가서, 닫힌 마음을 여시고, 굳은 마음을 부드럽게 하시며, 할례받지 못한 마음에 할례를 행하신다. 또 그들의 의지에 새로운 자질들을 주셔서 죽은 의지를 살리시고, 악한 의지를 선한 의지로, 꺼리는 의지를 소원하는 의지로, 완악한 의지를 순한 의지로 바꾸신다. 하나님께서는 의지를 움직이시고 강하게 하셔서 좋은 나무가 그러하듯 선행의 열매를 맺을 수 있게 하신다.

### 12항: 초자연적인 중생

이것이 바로 성경에서 그토록 밝히 선포하는 중생이다. 새 창조요, 죽은 자들 가운데서 다시 살리심과 부활이다. 이를 하나님께서는 우리의 도움 없이 우리 안에서 이루신다. 중생은 결코 외적인 가르침이나 도덕적 설득만으로 일어나지 않는다. 또한 하나님께서 하셔야 할 일을

다하신 후에, 사람이 중생할지 아닐지, 회심할지 아닐지가 사람의 능력에 달려 있는 방식으로 일어나는 것도 아니다. 도리어 중생은 전적으로 초자연적인 일이다. 동시에 가장 강력하고 지극히 기쁘고 심히 놀랍고 더없이 신비하며 이루 말로 다 할 수 없는 일이다. (이런 일을 행하시는 성령님에 의해 영감된) 성경에 따르면 중생의 능력은 적어도 창조나 죽은 자를 다시 살리는 부활에 못지않다. 고로 하나님께서 그 마음에 이토록 놀랍게 일하시는 모든 사람은 분명히, 적확히, 효과적으로 중생하고 실제로 믿는다. 이제 그렇게 새로워진 의지는 하나님으로 말미암아 움직이고 동기를 부여받을 뿐만 아니라 하나님께서 작용을 끼치셨기 때문에 그 자체가 활동적이다. 이런 이유로 사람이 그가 받은 은혜로 말미암아 믿고 회개한다는 말 또한 옳다.

### 13항: 완전히 이해할 수 없는 중생

신자들은 하나님께서 이 일을 어떻게 일어나게 하시는지를 이 세상에서는 완전히 이해할 수 없다. 그런데도 신자들은 하나님께서 주신 이 은혜 때문에

대로 남아 있던 고향으로 돌아갑니다. 그것이 그들이 선택할 수 있는 최선의 결정이었습니다. 그들은 신앙생활을 이어갈 힘도 이유도 모두 잃어버렸습니다. 슬픔이 눈과 귀를 가려 바로 옆에 계신 주님도 알아보지 못하는데 어떻게 신앙생활을 이어갈 수가 있었겠습니까?

이 제자들의 모습이 어떻게 보이시고 들리십니까? 묘한 기시감이 듭니다. 저와 여러분, 우리 모두가 겪었던 일이고 지금도 겪는 일이며, 앞으로 겪을지도 모를 일이기 때문입니다. 이 거친 세상 속에서 연약한 몸과 마음, 믿음을 가지고 사는 우리가 어떻게 이 풍랑을 피할 수 있으며, 무시하고 살아갈 수 있겠습니까! 우리도 이 두 제자들처럼 포기하고 슬퍼하고 절망할 때가 무수히 많았고, 앞으로도 많을 것입니다.

## 함께하심, 동행하심, 말씀하심, 먹이심의 은혜

그런데 이 본문 전체에서 가장 중요한 사실, 우리가 반드시 기억해야 할 사실이 있습니다. 바로 예수님이 지금 그들 옆에, 그들과 함께

계신다는 것입니다. 우리도 이 사실을 꼭 기억해야 합니다. 주님이 우리 옆에, 우리와 함께 계셨고, 언제나 함께 계시며, 이후로도 영원히 함께 하실 것입니다. 늘 주님은 그렇게 계심에도 다만 우리가 낙심과 슬픔에 빠져 주님을 보지도 듣지도 못할 뿐입니다. 주님은 늘 우리 곁에서 말씀하시며 위로와 격려를 통해 새 힘을 주십니다.

주님께서 이제 그 두 제자를 고치십니다. 25절과 26절은 주님의 책망처럼 들리지만 사실은 아닙니다. 이는 주님의 안타까운 탄식입니다. 주님은 말씀을 깨닫지 못하는 그들의 미련함과 주님의 약속을 믿지 못하는 믿음 없음을 안타까워하셨습니다. 하지만 이제 그들에게 말씀을 깨닫게 하시고, 믿어야 할 것을 믿게 하십니다. 주님께서 당하신 고난과 부활의 영광을 그들의 마음 가운데 부어 주셨습니다. 어떻게 하셨나요? 주님께서 어떻게 그들의 마음속에 믿음을 일으키셨나요? 강제로 주입을 하셨나요? 세뇌를 시키셨나요? 아니면 마치 인터넷에서 다운로드하듯이 기계적으로 그 머릿속에 넣어 주셨나요? 주님께서는 그렇

그들이 그들의 구주를 마음으로 믿고 사랑한다는 것을 알고 경험하기에 만족해한다.

### 14항: 하나님께서 믿음을 주시는 방법

그러므로 믿음은 하나님의 선물이다. 하나님께서 주시는 믿음을 단지 사람이 받을지 말지 결정할 수 있게 하시기 때문이 아니라, 하나님께서 믿음을 사람에게 실제로 주시고, 불어넣으시고, 주입하시기 때문이다. 다시 말하면, 하나님께서 사람에게 단지 믿을 가능성만을 주신 뒤, 사람이 스스로 믿기로 동의하거나, 어떤 믿는 행동을 하는 것을 기다리신다는 의미에서의 선물이 아니다. 오히려, 원할 뿐만 아니라 행동하게 하시며, 참으로 모든 사람 안에서 모든 일을 하시는 하나님께서 사람에게 믿으려는 의지와 믿음 그 자체를 주신다는 의미에서의 선물인 것이다.

### 15항: 받을 자격이 없는 사람들에게 베푸신 하나님의 은혜에 대한 합당한 태도

하나님께서는 어느 누구에게도 이 은혜를 베푸실 의무가 없다. 주게 먼저 드려서 갚으심을 받을 것이

게 비인격적으로 하지 않으셨습니다.

주님은 설명하셨습니다(27). 하나님의 말씀이시며 창조주이시며 모든 지혜의 근본이신 주님께서는 그의 신비한 능력으로 한 마디만 하셔도 제자들이 자동으로 성경에 대한 지식도 생기고 예수님에 대한 믿음도 불같이 일어나게 하실 수 있었습니다. 그러나 주님은 그렇게 하지 않으셨습니다. 주님은 그들에게 설명하셨습니다. 가장 지루하고 힘든, 어려운 방법을 택하셨습니다. 주님의 초자연적 능력으로 그들을 이해시키신 것이 아니라, 그들이 스스로 듣고 깨닫도록 그들을 인도하셨습니다.

설명은 인내가 필요합니다. 해보신 분은 다 압니다. 한 번의 설명으로 잘 알아듣고 이해하면 좋은데 그런 일은 거의 일어나지 않습니다. 이해할 때까지 또 설명하고 설명해야 합니다. 이해는 고사하고 상대가 집중해서 잘 듣지도 않습니다. 조금만 길어져도 집중이 흐트러집니다. 몸을 비틀고 마음은 다른 곳에 가있고 눈은 스르르 감깁니다. 상대방을 존중하고 인격적으로 대우하지 않으면, 즉

---

없는 사람에게 하나님께서 왜 은혜를 베푸셔야 하는가? 정말로, 죄와 거짓 외에는 하나님께 드릴 것이 아무것도 없는 사람에게 하나님께서 왜 은혜를 베푸셔야 하는가? 그러므로 이 은혜를 받는 사람은 오직 하나님께만 감사드려야 하며 영원히 감사드린다. 그렇지만 이 은혜를 받지 못한 사람은 이런 영적인 일들에 관심이 전혀 없으며, 그가 가지고 있는 것에 만족해하고, 실제로는 자신에게 없는 것을 가지고 있다고 생각하며 어리석게도 지나치게 자신을 믿고 헛되이 자랑한다. 더 나아가서, 자신들의 신앙을 밖으로 고백하고 그들의 삶을 갱생해 나가는 사람들에 대해 우리는 사도들의 본을 따라 가장 호의적으로 판단하고 말해야 한다. 우리는 마음속 가장 깊은 곳에 무엇이 있으며, 그곳에서 무슨 일이 일어나는지 알지 못하기 때문이다. 그리고 우리는 아직 부르심을 받지 못한 사람들을 위해 없는 것을 있게 부르시는 하나님께 기도해야 한다. 그러나 우리가 그들과는 질적으로 다른 것처럼 그들보다 우리를 더 낫게 여기며 거만하게 굴어서는 안 된다.

'사랑'하지 않으면 설명하기 어렵습니다. 예수님은 그들에게 자기 자신에 대해 성경을 설명하셨습니다. 하나씩 하나씩 차분하게 설명해 주셨습니다.

그리고 그들을 먹이셨습니다(30). 그렇게 그들의 지친 몸과 마음을 위로해 주셨습니다. 꾸짖어 벌을 주신 것이 아니라, 위로의 밥상을 차려주셨습니다. 그들의 몸과 마음이 얼마나 지치고 힘들었을까요? 믿음(공동체)을 떠나는 그 마음과 걸음이 얼마나 힘들고 지쳤을까요? 그런 그들에게 주님께서 밥을 차려 주시며 먹고 힘을 내게 하셨습니다.

누가는 이 식사를 그냥 쓰지 않고 "떡을 가지사 축사하시고 떼어 그들에게 주셨다"(눅 24:30)라고 기록합니다. 이 식사는 그냥 식사가 아니었습니다. 주님께서는 그들과 함께 성찬을 행하셨습니다. 그들을 구원하기 위해 찢으신 그의 몸과 흘리신 그의 피가 양식이 되고, 생명수가 되는 놀라운 구원의 은혜를 그들이 다시금 경험하도록 하신 것입니다. 예수님은 그들을 '은혜의 경험'으로 초대하셨고 그곳에서 새 힘을 주셨습니다.

## 16항: 사람의 의지를 올바로 되살아나게 하는 중생

그런데 타락했다고 해서 지성과 의지가 사람에게서 상실된 것은 아니며, 죄가 온 인류에게 퍼졌다고 해서 사람의 본성이 파괴된 것은 아니다. 다만 죄는 사람을 부패시키고 영적으로 죽였다. 마찬가지로 중생하게 하는 하나님의 은혜도 사람을 아무런 생명력이 없는 돌이나 나무처럼 대하지 않고, 사람의 의지와 의지의 속성들을 파괴하거나 꺼리는 의지를 힘으로 강압하지 않는다. 오히려 중생하게 하는 하나님의 은혜는 사람의 의지를 영적으로 소생하게 하고, 치료하며, 교정하고, 기쁨으로 복종하게 하며 동시에 힘을 다해 복종하게 한다. 그 결과 이전에 육신의 반역과 저항이 완전히 지배하던 곳을 이제는 성령님으로 말미암아 마음에서 우러나온 진심 어린 순종이 우세하기 시작한다. 바로 여기에 우리 의지의 참되고 영적인 회복과 자유가 있다. 그러므로 모든 선을 만드신 경이로우신 하나님께서 우리를 이렇게 다루시지 않는다면, 죄가 내 안에 없을 때도 자유의지로 자신을 파멸 가운데 거꾸러뜨린 사람에게는 자신의 자유의지로는 타락에서 일어설 아무런 소망도 없다.

**17항: 하나님께서 은혜의 수단을 사용하심**

우리를 태어나게 하시고 우리 생명을 유지하시는 하나님의 전능하신 일하심은 수단을 배제하지 않고 오히려 수단을 반드시 사용한다. 하나님께서는 자신의 무한한 지혜와 선하심을 따라 그 수단들을 사용하셔서 자신의 권능을 행하기를 원하신다. 이처럼 앞에서 말한 우리를 중생하게 하시는 하나님의 초자연적인 일하심은 복음의 사용을 배제하거나 무효로 하지 않는다. 하나님께서 자신의 크신 지혜로 복음을 중생의 씨와 우리 영혼의 양식으로 정하셨기 때문이다. 이런 이유로 사도들과 사도들을 이어 가르치는 교사들은 하나님께서 베푸시는 이 은혜에 관해 사람들이 하나님께 영광을 돌리고 그들의 모든 교만을 낮추도록 경건하게 가르쳤다. 그러나 그러면서도 사도들과 교사들은 복음의 거룩한 권고를 따라 말씀과 성례와 권징의 시행 아래서 사람들을 지키는 일에 게으르지 않았다. 그러므로 오늘날에도 교회에서 가르치는 사람이나 가르침

## 거부할 수 없는 주님의 은혜

그러자 그들의 눈이 밝아져 주님을 알아봅니다(31). 말씀과 성찬을 통해 다시금 주님을 보고 믿고 의지하게 됩니다. 이후로 주님은 보이지 않으십니다. 왜 주님은 더 계시지 않으셨을까요? 이제 충분하기 때문입니다. 주님의 가르침과 베푸신 성찬이, 눈으로 보고 귀로 듣는 것보다 더 분명하고 충분하게 예수님을 가르쳐 주고, 보여주고 믿게 했기 때문입니다. 그들 안에 이제 믿음이 자리 잡았습니다. 그들은 이제 부활하신 예수님을 실제로 믿게 됐습니다.

그들의 고백이 놀랍습니다. 주님께서 성경을 풀어주실 때에 그들의 마음이 뜨거워졌습니다(32). 성령께서 그들의 마음에 역사하셨습니다. 그들의 능력으로 할 수 없는, 일어날 수 없는 일이 일어난 것입니다. 주님께서 말씀을 설명해 주시고, 성찬을 베푸시자 성령께서 뜨겁게 역사하신 것입니다. 이제 그들은 믿음의 사람으로, 성령충만한 그리스도인으로 변화되었습니다. 그들의 마음을 억누르고 있던 불안과 염려와 슬픔은 사라졌습니다.

그들은 다시 예루살렘으로 돌아와 믿음의 형제들과 함께 하며 부활하신 주님을 증거하게 됩니다. 그리고 이 사건은 사도행전의 위대한 역사로 이어집니다.

우리는 '불가항력적 은혜'라는 말을 자주 오해합니다. 마치 하나님께서 억지로, 강제로 우리에게 믿음을 주시는 것으로 생각합니다. 우리의 의지와 반응에 상관없이 그저 당신의 뜻대로 막무가내로 일하시는 것처럼 오해합니다. 그러나 그렇지 않습니다.

오히려 오염된 우리의 의지는 은혜를 거부할 뿐입니다. 우리는 늘 주님의 은혜를 잊어버립니다. 예루살렘을 떠나 엠마오로 가던 제자들도, 그리고 우리도 그랬습니다. 그러다 결국 복음을 외면하고 경건한 삶과 예배를 꺼려하게 됩니다. 하나님의 나라와 교회를 등지고 세상으로 돌아가려 하는 것이 우리의 의지입니다.

### 불가항력적 은혜, 하나님의 열심

그러면 도대체 무엇이 '불가항력적'일까요? 우리 편에서 불가항력이라는 말이 아닙니다. 이

을 받는 사람 모두 하나님께서 자신의 선하신 기쁨 안에서 함께 밀접하게 결합하기 원하신 것을 나눔으로써 감히 주제넘게 하나님을 시험해서는 안 된다. 은혜는 권고를 통해 주어지며, 우리가 우리의 의무를 더욱 기쁘고 즐겁게 행할수록 우리 안에서 일하시는 하나님의 은혜의 혜택이 더욱 빛나고, 하나님의 일하심도 더욱더 진전되기 때문이다. 우리에게 은혜의 수단을 주시고, 그 수단을 통해 구원하는 열매와 효과도 주시는 하나님 홀로 영원히 모든 영광을 받으시옵소서. 아멘.

• 지금까지 사람의 부패, 그리고 사람이 하나님께 회심하는 과정에 관한 참된 교리를 밝히 드러냈으므로, 총회는 다음의 오류들을 거부한다. (총 9가지 오류에 대한 반박 중 다섯 번째에서 아홉 번째 반박까지)

오류 5

항론파의 주장
: 부패한 자연인도 일반 은혜(항론파 곧, 아르미니우스주의자들이 본성의 빛이라 부르는) 또는 타락 후에도 남아 있는 은사들을 잘

사용할 수 있으며, 그렇게 함으로써 점점, 더 큰 은혜, 곧 복음적 은혜 또는 구원하는 은혜와 구원 그 자체를 얻을 수 있다. 그리고 이런 방법으로 하나님께서는 자신의 편에서 모든 사람에게 그리스도를 친히 계시하실 준비를 나타내 보이신다. 하나님께서는 모든 사람이 그리스도를 알고, 그들이 그리스도를 믿고 회개하는 데 필요한 수단들을 충분히 또 효과적으로 베푸시기 때문이다.

성경에 따른 반론
: 모든 시대의 경험뿐 아니라 무엇보다 성경이 이러한 주장이 거짓임을 증언한다. "그가 그의 말씀을 야곱에게 보이시며 그의 율례와 규례를 이스라엘에게 보이시는도다 그는 어느 민족에게도 이와 같이 행하지 아니하셨나니 그들은 그의 법도를 알지 못하였도다 할렐루야"(시 147:19-20), "하나님이 지나간 세대에는 모든 민족으로 자기들의 길들을 가게 방임하셨으나"(행 14:16), "성령이 아시아에서 말씀을 전하지 못하게 하시거늘 그들이 브루기아와 갈라디아 땅으로 다녀가 무시아 앞에 이르러 비두니아로 가고자 애쓰되 예수의 영이 허락하지 아니하시는지라"(행 16:6-7).

는 하나님께서 베푸신 은혜의 성격을 설명하는 말입니다. 즉, 하나님께서 택하신 자를 부르시면 그 부르심은 결코 취소되거나 약해지거나 변경되지 않는다는 뜻입니다(롬 11:29). 하나님은 신실하시고 변함이 없으시기에, 하나님의 부르심 역시 신실하고 변함이 없으십니다. 변함없으신 하나님께서는 택하신 자를 향한 구원의 은혜를 끝내, 온전히 이루신다는 뜻입니다.

어떻게 이루실까요? 제자들에게 베푸셨던 그 은혜를 베푸십니다. 억지와 강압이 아닌, 비인격적인 기계적 활동이 아닌, 자비와 사랑과 인내와 존중으로 이 일을 이루십니다. 하나님은 우리에게 설명하십니다. 말씀을 통해 복음을 들려주시고, 성찬을 통해 복음을 보게 하십니다. 하나님은 우리를 설득하십니다. 말씀을 통해 우리의 심령에 주의 뜻을 알려주시고, 기도와 찬송 가운데 위로하시며 격려하십니다. 성령께서 오늘 우리 가운데 믿음을 일으키시고 주의 말씀에 순종하게 하십니다. 하나님을 향한 우리의 저항과 의심, 분노와 불신을 사랑과 자발적 헌신으로 바꾸어

가십니다. 차근차근 천천히, 우리의 마음을 위로하시고 격려하시며 달래주십니다. 그렇게 새 힘을 주시며 이 일을 이루십니다.

하나님께서는 열심히 일하십니다. 신실하신 하나님이 성실하게 이 은혜를 이루십니다. 그 은혜의 하나님은 이를 이루시고자 모든 열정을 쏟아 부으십니다. 우리를 구원하사 회복시키시고 새롭게 하시는 그 일에 하나님은 당신의 열심과 모든 열정을 쏟아부으십니다. 그 하나님의 일하심 앞에, 하나님의 열심과 열정 앞에 과연 누가 끝까지 그 은혜를 외면하고 거부할 수 있을까요? 그 은혜의 역사가 과연 무엇으로 취소될 수 있을까요? 그 무엇도 하나님의 열심과 열정을 막을 수 없습니다. 주님은 우리를 부르시고, 우리에게 사명을 위한 은사를 주시며 이를 결코 후회하지 않으십니다. 우리가 외면하고 내팽개치고 도망가고 끊어내려고 해도, 하나님께서는 또다시 우리를 설득하시고 또 설득하십니다. 말씀을 가르치시며, 상을 차려주시고 격려하사 새 힘을 주시며 결국 우리가 돌아오도록 이끄십니다.

## 오류 6

항론파의 주장
: 하나님께서는 사람이 참되게 회심할 때 그의 의지에 새로운 자질이나 성향, 또는 은사들을 주입하시거나 부어주실 수 없다. 참으로 우리를 처음 회심에 이르게 하고, 우리를 "믿는 자"라고 불리게 하는 그 믿음은 하나님께서 주입해 주시는 자질이나 은사가 아니라 단지 사람의 행위다. 믿음을 얻는 능력에 관한 것이 아닌 한 믿음은 결코 은사로 불릴 수 없다.

성경에 따른 반론
: 항론파의 이 주장은 성경과 모순된다. 성경은 하나님께서 우리 마음 안에 믿음, 순종, 하나님의 사랑을 경험하는 것과 같은 새로운 자질들을 부어주신다고 선포한다. "내가 나의 법을 그들의 속에 두며 그들의 마음에 기록하여"(렘 31:33), "나는 목마른 자에게 물을 주며 마른 땅에 시내가 흐르게 하며 나의 영을 네 자손에게, 나의 복을 네 후손에게 부어 주리니"(사 44:3), "우리에게 주신 성령으로 말미암아 하나님의 사랑이 우리 마음에 부은 바 됨이니"(롬 5:5). 또한 이 주장은 교회가 선지자들과 함께 지금까지 함께 기도해

온 것과도 충돌한다. "나를 이끌어 돌이키소서 그리하시면 내가 돌아오겠나이다"(렘 31:18).

## 오류 7

**항론파의 주장**
: 우리가 하나님께 회심하도록 하는 은혜는 단지 부드러운 설득이다. (다른 사람들이 설명한 것처럼) 하나님께서 설득을 통해 사람이 회심하도록 하시는 것이 가장 고귀한 방법이며 사람의 본성에 가장 적합한 방법이다. 더군다나 도덕적으로 설득하는 이 은혜만으로도 타락한 상태의 사람을 영적인 사람으로 만드는 데 충분하다. 참으로 하나님께서는 이런 도덕적 설득이 아니고서는 사람의 의지가 동의하도록 하시지 않는다. 하나님께서는 영원한 혜택을 약속하시지만, 사탄은 일시적인 것들을 약속한다는 점에서 하나님의 일하심의 효과는 사탄의 일을 압도한다.

**성경에 따른 반론**
: 이 주장은 전적으로 펠라기우스주의이며 성경 전체와 모순된다. 성경은 이러한 설득 외에도 그 이상의 다른 것, 곧 사람을 회심시키시는 성령 하나님의 훨씬 더 효과적이고 신

어떤 미국 인디언 부족의 유명한 성인식이 있습니다. 한 소년이 일정한 나이가 되면 광야에 나가서 하룻밤을 보내야 합니다. 그 소년은 아마도 무수한 짐승들의 울음소리, 독사와 독충의 위협, 원수들의 공격에 대한 염려와 두려움으로 밤새 떨어야 했을 것입니다. 어쩌면 두려움보다 원망이 더 컸을 수도 있습니다. 자신을 이 추운 광야로 내몬 부모와 공동체를 향한 원망과 미움이 얼마나 컸을까요? 그런데 이 아이가 그렇게 밤을 보내고 아침을 맞이하면 놀라운 모습을 보게 되는데, 그건 바로 저만치에서 자신을 향해 활에 화살을 걸고 활시위를 당긴 채로 서있는 아버지의 모습이라고 합니다. 아들은 두려움과 어둠으로 인해 미처 보지 못했던, 자신을 지키고자 밤새 그 자리에 서있던 아버지를 보게 된다는 것입니다.

아이들이 놀이터에서 시끄럽게 뛰어 놉니다. 그런데 부모는 그 많은 아이들 속에서도 내 아이가 보이고, 그 시끄러운 소음 속에서도 내 아이의 웃음소리, 울음소리가 들립니다.

사람도 그러한데 하물며 우리 하나님은 우리를 얼마나 사랑하실까요? 자기 아들을 십자가에 죽기까지 내어주실 만큼 우리를 사랑하시는 하나님의 사랑은 얼마나 견고하고 확실하며, 성실하고 열정적일까요? 그 하나님의 사랑만큼 분명하고 확실한 사랑이 또 무엇이 있을까요?

> 졸지도 않으시고 주무시지도 않으시는 하나님께서 낮의 해와 밤의 달에서 지키시며 인도하실 것입니다(시 121:4,6)

적인 방법을 승인한다. "또 새 영을 너희 속에 두고 새 마음을 너희에게 주되 너희 육신에서 굳은 마음을 제거하고 부드러운 마음을 줄 것이며"(겔 36:26).

### 오류 8

**항론파의 주장**
: 하나님께서는 사람을 중생하게 하실 때 자신의 전능하신 권능으로 사람의 의지를 강력하고 확실하게 꺾으셔서 믿고 회개하게 하시지 않는다. 하나님께서 사람을 회심하게 하실 때 사용하시는 모든 은혜의 일을 다 행하셨을지라도 사람은 하나님께 저항할 수 있고 실제로 종종 저항한다. 그래서 하나님과 성령님께서 그에게 중생을 일으키시고자 의도하시고 뜻하신다 할지라도 사람은 중생이 결코 일어나지 못하게 한다. 따라서 중생할지 그렇지 않을지는 참으로 사람의 능력에 달려 있다.

**성경에 따른 반론**
: 항론파의 이 같은 주장은 우리를 회심하게 하시는 하나님의 은혜가 가져오는 모든 효과적인 기능을 부인하는 것이며, 전능하신 하나님의 행위를 사람의 의지 아래 종속시키는

것이다. 또한 사도들의 증언과도 모순된다. 사도들은 하나님께서 강력한 힘으로 일하심으로써 우리가 믿는다고 가르치고(엡 1:19), 인자하신 하나님께서 우리에게는 분에 넘치는 선한 뜻과 믿음의 일을 우리 안에서 이루신다고 가르치며(살후 1:11), 마찬가지로 하나님의 거룩한 능력으로 우리가 생명과 경건에 속한 모든 것을 받았다고 가르친다(벧후 1:3).

### 오류 9

항론파의 주장
: 은혜와 자유의지는 협력하여 회심을 시작하게 하는 회심의 부분적인 원인인데, 회심이 일어나게 하는 순서에서 은혜는 의지의 효과적인 영향보다 앞서지 않는다. 다시 말하면, 사람의 의지가 움직여서 회심하기로 결단하기 전까지는 하나님께서 사람이 회심하도록 그의 의지를 효과적으로 돕지 않으신다.

성경에 따른 반론
: 초대교회는 이미 오래전 이러한 펠라기우스주의자들의 가르침을 사도의 증언에 기초해 정죄했다. "그런즉 원하는 자로 말미암음도 아니요 달음박질하는 자로 말미암음도 아니요 오직 긍휼히 여기시는 하나님으로 말미암음이니라"(롬 9:16), "누가 너를 남달리 구별하였느냐 네게 있는 것 중에 받지 아니한 것이 무엇이냐"(고전 4:7), "너희 안에서 행하시는 이는 하나님이시니 자기의 기쁘신 뜻을 위하여 너희에게 소원을 두고 행하게 하시나니"(빌 2:13).

성경과 신앙고백으로 만나는 종교개혁 신앙

✚ 벧전 5:6-11

"그러므로 하나님의 능하신 손 아래에서 겸손하라 때가 되면 너희를 높이시리라. 너희 염려를 다 주께 맡기라 이는 그가 너희를 돌보심이라. 근신하라 깨어라 너희 대적 마귀가 우는 사자 같이 두루 다니며 삼킬 자를 찾나니, 너희는 믿음을 굳건하게 하여 그를 대적하라 이는 세상에 있는 너희 형제들도 동일한 고난을 당하는 줄을 앎이라. 모든 은혜의 하나님 곧 그리스도 안에서 너희를 부르사 자기의 영원한 영광에 들어가게 하신 이가 잠깐 고난을 당한 너희를 친히 온전하게 하시며 굳건하게 하시며 강하게 하시며 터를 견고하게 하시리라. 권능이 세세무궁하도록 그에게 있을지어다. 아멘"

# 성도의 견인,
# 온전하게, 굳건하게,
# 강하게, 견고하게

**TULIP 5**

베드로의 편지를 받은 이 교회들은 소아시아, 지금의 터키 지역에 있었습니다. 그들은 이방인으로서 우상숭배와 이방 문화로 가득한 땅에서 예수 그리스도의 복음을 믿고 받아들여 교회를 세운 귀한 신자들이었습니다. 그러나 그들의 현실은 매우 고통스러웠습니다. 베드로는 그들을 가리켜 "흩어진 나그네"(벧전 1:1)라고 부릅니다. 우리는 예수님을 믿고 나면 '세상에서 방황하다가 이제는 위로와 안식을 누려'거나, '이전에는 나그네처럼 떠돌아다녔지만 이제는 아버지 집에서 안착'하기를 바랍니다. 그것이 신자의 삶이라고 기대합니다. 그러나 이 편지를 받는 교회와 신

: **도르트신조** :

▸ **다섯째 교리**
: 성도의 견인

**1항: 중생한 사람도 그들 안에 남아 있는 죄에서 완전히 해방되지 않음**

하나님의 목적에 따라 자신의 아들 예수 그리스도와의 교제 가운데로 부르시고 성령님으로 말미암아 중생하게 하신 사람들을 하나님께서는 죄의 지배와 죄의 종노릇에서도 해방하신다. 하지만 그들을 이 세상에서는 육신과 죄의 몸에서 완전히 해방되게 하시지는 않는다.

**2항: 연약하여 날마다 죄를 짓지만, 온전함을 푯대 삼는 성도들**

그러므로 성도들은 연약하여 날마다 죄를 짓고, 심지어 그들의 최선의 행위에도 흠이 있다. 이런 이유들은 성도들이 하나님 앞에서 그들 자신을 매일 겸손하게 낮추고, 십자가에 못 박히신 그리스도께로 피하며, 탄식으로 우리를 위해 간구하시는 성령님으로 말미암아 또 경건을 거룩하게 행함으로써 육신을 점점 더 죽이고, 마침내 이 사망의 몸에서 완전히 해방되어 천국에서 하나님의 어린 양과 함께 왕 노릇 할 때까지 온전함을 푯대 삼아 힘껏 달려가게 한다.

**3항: 하나님께서 성도들을 지켜주심**

성도들 안에 남아 있는 죄의 잔여들과 세상과 사탄의 유혹 때문에 회심한 사람들이라고 해서 그들 자신의 힘으로 이 은혜 가운데 계속해서 굳게 서 있을 수는 없다. 그러나 하나님께서는 미쁘신 분이시다. 자비롭게도 그들이 한 번 받은 은혜 가운데 있도록 그들을 굳세게 하시고, 그들을 그 은혜 안에서 끝까지 권능으로 지켜주신다.

자들은 여전히 흩어져 떠돌아다니는 나그네였습니다.

## 지난한 고통의 삶, 믿음의 현실

크게 두 가지의 이유가 있었습니다. 먼저는, 그들이 예수님을 믿는 순간 이전의 공동체와 단절해야 했기 때문입니다. 당시는 '종교'와 '공동체'가 일치된 사회였습니다. 그러므로 종교를 바꾸는 일, 개종은 기존 공동체와의 결별을 의미했습니다. 그들이 거하던 땅에는 이미 이전부터 믿어왔던 종교가 있었습니다. '기독교'는 외래 종교에 불과했습니다. 그러나 그들은 복음을 듣고 예수님을 믿기로 결정했습니다. 이전의 종교, 그리고 그로부터 파생된 문화, 그 문화로 이루어진 사회, 그 사회를 이루는 공동체로부터의 분리를 선택한 것입니다.

우리에게도 그런 일이 일어나지 않습니까? 우리가 예수님을 믿기로 결정한 순간부터 이전의 삶과는 분명히 변화됩니다. 이전의 삶을 채우던 삶의 방식이 새롭게 바뀌면 이전 삶의 방식을 공유하던 공동체와도 작별을 고하거나 최소한 어느 정도의 거리를 두게 됩니다. 지금이야 그러려니 하고 넘어갈 일이지만 2,000년 전 세상은 그렇지 않았습니다. 공동체와의 결별은 생계의 위기로 직결되는 문제였습니다. 그럼에도 불구하고 믿음을 선택하고 스스로 나그네가 되기를 결정한 자들이 있었습니다. 믿음과 그에 따르는 삶을 선택하고, 믿음의 공동체와 함께 하기로 결정하여 스스로 나그네가 되는 힘든 삶을 살았던 이들이었습니다.

두 번째로 그들은 공동체와의 단절을 넘어 너무나도 잔인하고 끔찍한 박해와 핍박을 받았습니다. 그래서 그들은 더더욱 흩어진 나그네가 될 수밖에 없었습니다. 어느 공동체도 그들을 받아주지 않았을 뿐더러, 오히려 그들을 미워하고 외면하며 죽이려 했습니다. 너무나도 잔인하고 끔찍한 박해와 핍박의 기록들이 지금도 전해집니다. 수많은 그리스도인들이 단지 예수님을 믿는다는 이유만으로, 다른 신을 믿지 않는다는 이유만으로 죽임을 당했습니다.

그들이 얼마나 큰 고통과 괴로움에 처했

### 4항: 참 신자들도 심각한 죄에 빠질 수 있음

참 신자들을 은혜 안에서 굳세게 하고 지키시는 하나님의 권능은 육신의 힘보다 훨씬 우세하다. 그러나 회심한 사람들이 항상 하나님께 감동되고 인도받는 것은 아니다. 몇몇 특정한 상황 가운데서는 그들 자신의 잘못으로 하나님께서 은혜로 인도하시는 길 위에서 벗어나 육신의 정욕에 이끌리고, 굴복할 수도 있다. 그러므로 참 신자들은 시험에 들지 않도록 항상 깨어 기도해야 한다. 그렇지 않으면 그들은 육신과 세상과 사탄에 이끌려 죄를, 심지어 심각하고 너무도 끔찍한 죄를 저지를 수 있다. 또한 하나님의 공의로우신 허용으로 말미암아 참 신자들은 때때로 시험에 든다. 성경에 기록된 다윗, 베드로, 또 다른 여러 성도가 죄에 빠진 슬픈 사건들이 이 사실을 증언한다.

### 5항: 그런 심각한 죄들의 결과

더군다나 참 신자들이 그런 극악무도한 죄를 짓는 것은 하나님을 크게 노하시게 하고, 죽음의 형벌을 받아 마땅한 것이며, 성령님을 근심하시게 하고, 믿음으로 행하지 못하게 막고, 양심에 치명적인 상처를 입히며, 때로 일시적으로 하나님의 은혜를 깨닫지 못하게 한다. 이런 일들은 그들이 진실하게 회개하여 의의 길로 돌아와 하나님께서 자애로운 당신의 얼굴을 그들에게 다시 비춰주실 때까지 계속된다.

6항: 하나님께서 택하신 자들을 잃어버린 바 되게 내버려 두지 않으심

자비가 풍성하신 하나님께서는 자신의 불변하는 선택의 작정에 따라, 심지어 그들이 통탄할 만한 죄를 지었을 때도 그들에게서 하나님의 성령을 완전히 거두지 않으신다. 또한 그들이 은혜로 양자 된 것과 의롭다 하심 받은 은혜를 박탈당하거나, 사망에 이르게 하는 죄 또는 성령을 모독하는 죄를 짓거나, 하나님께 완전히 버림받거나, 그들 자신을 영원한 멸망 가운데 스스로 던져 넣을 정도로 타락하도록 내버려 두지 않으신다.

7항: 하나님께서 택하신 자들을 새롭게 하심으로 회개하게 하심

왜냐하면, 먼저, 하나님께서는 성도들이 타락했을 때도 성도들을 중생하게

을지 감히 상상이 되질 않습니다. 그들은 사람이 이 땅에 살면서 당할 수 있는 가장 큰 육체적, 정서적, 사회적, 경제적 고통을 겪어야 했습니다. 그것이 그들이 가진 믿음의 현실이었습니다. 상을 받아도 모자란데 오히려 벌을 받았습니다. 복음이 순식간에 퍼져나가 교회가 세워지고 모든 우상을 무너뜨리고, 교회만 세우면 사람들이 구름처럼 몰려오고, 몰려온 사람들이 즉각적으로 예수님을 믿어 회개하고 자신들의 삶을 바꾸는 일들은 일어나지 않았습니다. 사도행전에 기록된, 베드로를 통해 일어났던 부흥은 반복되지 않았습니다. 거대한 부흥을 경험했던 베드로는 그 반대의 지점에 있는 성도들을 향해 이 편지를 보내고 있는 것입니다. 그들의 고통스러운 삶은 믿음의 현실이었습니다. 물질의 복, 건강의 복이 구원의 증거라고 믿고 가르치는 '기복주의'와 '번영신학'이 심각한 '반성경적 교훈'이라는 사실은 베드로전서만 읽어봐도 명확히 드러납니다.

우리는 종종 '신앙생활'을 오해합니다. 믿음을 오해하기 때문입니다. 우리는 종종 예수

님을 믿는 믿음과 내가 원하는 일이 일어나기를 바라는 '기대'를 혼동합니다. 그래서 내가 원하고 바라는 것들이 다 이루어지는 삶을 '신앙생활'이라고 착각합니다. 그러나 '신앙생활'은 생활, 말 그대로 현실을 사는 것입니다. 때로는 그 현실이 너무나 힘들고 고통스러울 수 있습니다. 사람들에게 외면당하거나 미움받을 수도 있습니다. 손해를 볼 수도 있습니다. 가난해질 수도 있고, 몸이 아플 수도 있고, 마음이 병들어 슬픔과 염려, 공황이 올 수도 있습니다. 그것이 다 현실입니다. 신앙생활은 이 모든 현실이 사라지는 것이 아니라, 우리 앞에 놓인 그 현실을 예수님을 믿는 믿음으로 살아가는 것입니다.

우리는 예수님을 구주로 믿는 것이지, 내 꿈과 환상의 성취를 믿는 것이 아닙니다. 우리의 삶은 믿음의 선한 싸움을 싸우다가 천국에서 영원한 안식을 누리는 것이지, 이 땅에서 모든 것을 누리고 결판을 내는 것이 아닙니다. 우리는 믿음으로 현실을 사는 것이지, 믿음으로 현실을 도피하는 것이 아닙니다. 아무런 염려도 고통도 슬픔도 없다면 그

한 자신의 썩지 아니할 씨가 소멸되거나 제거되지 않도록 성도들 안에 보존하시기 때문이다. 두 번째로, 하나님께서는 자신의 말씀과 성령으로 확실히 그리고 효과적으로 그들을 새롭게 하심으로 그들이 회개하게 하셔서 그들이 지은 죄들을 진심 어린 마음으로 경건하게 슬퍼하게 하시기 때문이다. 또한 믿음과 상한 심령으로 중보자의 피 안에서 죄 용서를 구하고 받게 하시며, 화목하게 하신 하나님의 은혜를 다시 누리게 하시고, 믿음으로 하나님의 자비를 찬송하게 하시며, 그때부터 더욱 두렵고 떨림으로 그들의 구원을 이루어 가게 하시기 때문이다.

8항: 택하신 자들을 지키시는 삼위일체 하나님의 은혜는 확실하고 변하지 않음

따라서 성도들이 믿음과 은혜를 완전히 박탈당하지 않고, 파멸 속에 끝까지 남아 잃어버린 바 되지 않는 것은 그들 자신의 공로나 능력 때문이 아니요 오직 받을 자격 없는 자에게 베푸시는 하나님의 자비 때문이다. 성도들 자신을 생각하면 믿음과 은혜를 완전히 박탈당하고 파멸 속에 끝까지 남아 잃어버

린 바 되는 일이 쉽게 일어날 수 있고 확실히 일어나겠지만, 하나님을 생각하면 그런 일은 결코 일어날 수가 없다. 하나님께서는 자신이 계획하신 것을 바꾸지 않으시며, 자신이 약속하신 것을 반드시 지키시며, 자신의 뜻에 따라 부르신 것을 취소하시지 않기 때문이다. 또 그리스도의 공로와 성도를 위해 하나님께 간구하심과 성도를 지키심이 파기될 수 없으며, 성령님의 인 치심이 무효가 되거나 소멸할 수 없기 때문이다.

### 9항: 견인의 확신

신자들은 하나님께서 택하신 자들이 구원에 이르도록 그들을 지키시고 믿음 안에서 참 신자들로 견인하게 하심을 확신할 수 있고, 자신들의 믿음의 분량을 따라 실제로 확신하게 된다. 이 믿음으로 그들은 자신들이 교회의 참되고 살아 있는 지체로 항상 남아 있을 것과 자신들이 죄 용서와 영생을 받았음을 굳게 믿는다.

### 10항: 이 확신의 근거

이 확신은 말씀에서 벗어나거나 무관한 어떤 사적인 계시에서 나오지 않는다. 이 확신은 우리를 위로

것은 현실이 아닙니다. 단지 환상일 뿐입니다. 믿음의 열매는 환상이 아닙니다. 고통스러운 현실을 살아내는 능력입니다. 믿음은 어렵고 답답하고 때로는 앞이 보이지 않을 어두운 현실을 살더라도 다시 일어나도록 돕는 하나님의 위로이며, 그 위로를 붙잡고 실제로 경험하는 은혜의 통로입니다.

### 주님의 권면, 겸손

그러한 현실을 살아가는 교회와 성도들을 향해, 그리고 우리를 향해 하나님께서는 베드로를 통해 말씀하십니다.

첫째로, '겸손하라'는 권면입니다(벧전 5:6). 염려와 교만은 우리의 눈과 귀를 가려서 하나님을 보지 못하게 하고 하나님의 말씀을 듣지 못하게 합니다. 염려는 하나님이 아닌 현실만을 보게 합니다. 그래서 더더욱 깊은 낙심으로 우리를 떨어뜨려 한 발자국도 움직이지 못하게 합니다. 교만은 현실 앞에서 하나님이 아닌 자기 자신만을 보게 합니다. 내 힘, 능력, 지식으로 현실의 문제를 해결할 수 있다고 믿게 합니다. 그래서 교만은 사람을

무모하게 만듭니다. 그래서 무언가를 시도하지만, 자기 자신만을 의지하기에 또다시 실패와 좌절 가운데 넘어지게 합니다.

현실의 문제는 항상 나보다 크고 강합니다. 그런데 우리는 내 힘으로 충분히 해결이 가능하다고 착각합니다. 그래서 나보다, 그리고 모든 현실보다 크고 강하신 하나님을 보지 못하고 의지하지 않습니다. 그리고 또다시 실패하고 넘어지고 나서 하나님을 원망합니다. 하나님께 의지하지 않으면서도 왜 나를 도와주지 않냐며 항의합니다. 하나님의 도움을 구한 적이 없으면서도 왜 나를 외면하냐고 하나님께 따집니다. 이것이야말로 교만입니다.

우리는 하나님 앞에 겸손해야 합니다. 나의 약함과 모자람을 하나님 앞에 인정해야 합니다. 이것은 부끄러운 일도 아니고, 자존심 상하는 일도 아닙니다. 사람 앞에서는 조금 부끄럽고 창피할 수 있습니다. 나의 약점이 누군가가 나를 공격하거나 괴롭히는 도구로 사용될 수도 있습니다. 그러나 하나님은 나를 사랑하십니다. 나를 만드신 분이시고 나보다 나를 더 잘 아는 분이십니다. 우리가 의

하시기 위해 자신의 말씀에서 매우 풍성하게 계시하신 하나님의 약속을 믿는 믿음에서 일어난다. 또한 성령님께서 친히 우리의 영과 더불어 우리가 하나님의 자녀요 상속자인 것을 증언하시는 데서 온다(롬 8:16-17). 마지막으로 이 확신은 선한 양심과 선한 일을 진지하고 거룩한 마음으로 추구하는 데서 생겨난다. 만약 하나님께서 택하신 자들이 자신들이 승리할 것이라는 이 확고한 위로와 영원한 영광에 대한 확실한 보증을 이 세상에서 가지지 못한다면 그들은 모든 사람 중에 가장 불쌍한 사람이 될 것이다.

**11항: 견인의 확신을 항상 누리지는 못함**

한편, 성경은 신자들이 이 세상에서 인간적인 온갖 의심과 싸워야 하며, 그들이 힘겨운 유혹을 받을 때는 그들의 믿음에 관한 충분한 확신과 견인의 확실성을 항상 누리지는 못한다고 증언한다. 그러나 모든 위로의 아버지이신 하나님께서는 성도들이 감당하지 못할 시험 당함을 허락하지 아니하시고 시험당할 즈음에 또한 피할 길을 내사 그들로 능히 감당하게 하신다(고전

10:13). 그리고 성령님께서는 그들 안에 견인의 확신을 회복해 주신다.

**12항: 경건을 장려하는 확신**

그런데 견인을 확신하는 것은 참 신자를 교만하게 하거나 육적인 자기 과신에 빠지도록 만들지 않는다. 오히려 견인을 확신하는 것은 겸손, 자녀로서 하나님께 갖는 경외, 진실한 경건, 모든 다툼 중에서의 인내, 뜨거운 기도, 고난 가운데서도 진리를 고백함, 하나님 안에서 견고히 누리는 기쁨의 참 근원이 된다. 성경의 증거와 성도들의 예가 증언하는 것처럼, 견인하게 하시는 하나님의 은혜를 묵상하는 것은 성도들로 하여금 진지하게, 그리고 계속해서 하나님께 감사하게 하며 선한 일을 하도록 장려한다.

**13항: 이 확신은 신자들을 게으르게 하지 않음**

견인을 새롭게 확신하는 것은 넘어졌다 다시 일으킴 받은 사람들을 부도덕하게 하거나 경건에 무관심하도록 만들지 않는다. 오히려 그들이 더욱 마음을 기울여 주님께서 미리 준비하신 주의 도를 주의 깊게 지키게 한다. 그리고

사 앞에 나의 병을 내놓는 것을 부끄러워하지 않습니다. 의사이기 때문입니다. 의사의 실력을 알고 신뢰하기 때문입니다. 하나님 앞에 겸손히 나의 약함과 모자람을 인정하는 일도 이와 같습니다. 나를 알고 하나님을 아는 참된 지혜가 있는 자는 하나님을 신뢰함으로 그분 앞에 내 모든 것을 내어 놓습니다.

천지를 지으시고 지금도 다스리시며 자신의 뜻을 이루시는 하나님의 능력의 손을 의지하며 그의 도움을 청해야 합니다. 그러면 하나님의 때에 우리를 높이실 것입니다. 비록 고통스럽고 낮아지고 무너져도 겸손히 그를 의지할 때에 하나님이 우리를 높이실 것입니다. 그래서 하나님 앞에 겸손한 자는 기도합니다. 모든 염려를 주님께 맡깁니다(7). 나를 돌보시는 하나님을 신뢰하기에 그렇습니다. 믿음은 눈과 귀를 열어 하나님을 보고 듣는 것이며, 마음을 열어 하나님께 모든 염려를 맡기는 것입니다. 그가 돌보심을 믿기 때문입니다.

둘째로, '근신하고 깨어'있어야 합니다(8). 사단이 언제 어디서 어떻게 우리를 공격할지

모르기 때문입니다. 자신의 삶을 하나님의 말씀으로 늘 돌아보며 죄에게 틈을 내주지 말고, 기도로 깨어 늘 민감하게 죄에 반응해야 합니다. 그렇지 않으면 우리는 너무도 쉽게 죄에 쓰러집니다.

셋째로, 가만히 소극적으로만 있는 것이 아니라, 적극적으로 죄에 대적해 맞서 싸워야 합니다. 베드로는 '믿음을 굳건하게 하여 사단을 대적하라'(9)고 명령합니다. 그러나 만약 죄의 문제를 내 힘으로 해결할 수 있다고 믿는다면 그것 역시 교만입니다. 교만은 패배를 불러올 뿐입니다. 우리 힘으로는 죄를 이길 수 없습니다.

여기에서도 주를 의지하고 신뢰하는 '겸손'이 필요합니다. 나의 힘이신 주께서 당신의 능하신 손으로 나를 지키시고 이기게 하실 것을 굳게 믿고 죄에 맞서 싸워야 합니다. 우리는 그렇게 결단해야 합니다. 이전의 죄를 더 이상 반복하지 않기를, 앞으로는 주의 뜻에 순종하여 거룩한 삶을 살기를 결단해야 합니다. 주의 능하신 팔이 우리에게 죄를 이기는 승리를 주실 것입니다.

그들은 자신들의 견인을 계속 확신할 수 있도록 주의 도를 따른다. 또한 그들은 하나님의 자애로운 선하심을 오용함으로써 하나님께서 그분의 은혜로우신 얼굴(경건한 사람에게는 하나님의 얼굴을 바라보는 것이 생명보다 더 달콤하며, 하나님께서 자신의 얼굴을 가리시는 것이 죽음보다 더 쓰다)을 자신들에게서 돌리시고, 그 결과 자신들이 더 큰 영혼의 아픔을 겪지 않도록 한다.

14항: 하나님께서 사용하시는 견인의 수단

하나님께서 복음 선포를 통해 우리 안에서 이 은혜의 일 시작하기를 기뻐하셨던 것처럼, 하나님께서는 또한 복음을 듣고 읽는 것, 복음을 묵상하는 것, 복음으로 권고하는 것, 경고, 약속, 그리고 성례의 시행으로 이 은혜의 일을 지키시고 계속하시며 완성하신다.

15항: 사탄은 증오하고 교회는 사랑하는 견인 교리

하나님께서는 자신의 이름을 영화롭게 하시고 경건한 자들을 위로하시기 위해 참 신자와 성도의 견인, 견인에 대한 확신 교리를 자신의 말씀 안에 매우 풍성하게 계시하셨으며, 신자들의 마음에 새겨 주신다. 이 교리를 육신에 속한 자는 이해하지 못하고, 사탄은 증오하며, 세상은 조롱하고, 무지한 자들과 위선자들은 악용하며, 오류의 영은 공격한다. 반면에 그리스도의 신부는 이 교리를 값을 매길 수 없는 보물로 언제나 소중히 사랑하고 굳세게 옹호해왔다. 그리고 자신을 대적하는 자들이 세운 어떠한 계획도 가치 없게 하시고, 그들의 어떤 힘도 무력하게 만드시는 하나님께서는 그리스도의 신부가 계속해서 그렇게 행하도록 하실 것이다. 이 홀로 하나이신 하나님, 곧 성부, 성자, 성령께 존귀와 영광이 영원무궁하도록 있을지어다. 아멘.

• 지금까지 성도의 견인에 관한 참된 교리를 밝히 드러냈으므로, 총회는 다음의 오류들을 거부한다.

**오류 1**

항론파의 주장
: 참 신자들의 견인은 선택의 결과가 아니며 그리스도의 죽으심으로 얻은 하나님의 선물도 아니다. 견인은 이른바 하나님의 "확

'공동체'와 함께 싸운다는 것 역시 잊지 말아야 합니다. 베드로는 '세상에 있는 너희 형제들도 동일한 고난을 당한다'(9)라고 말합니다. 전 세계의 그리스도인들 모두가 이 믿음의 싸움을 함께 하고 있습니다. 나만 싸우는 것이 아닙니다. 우리의 싸움은 그래서 외롭지 않습니다. 함께 싸우는 믿음의 형제들이 지금 우리 옆에 있기 때문입니다.

### 주님의 위로, 붙드심의 은혜

하나님께서는 우리를 부르시고 붙드십니다(10). 그리고 우리를 '온전하게' 하십니다. 이 말은 '회복하다, 수리하다, 완성하다'라는 뜻입니다. 하나님께서 우리를 회복시키십니다. 우리 안에 잘못되고 고장 나고 모자란 부분들을 하나님께서 직접 고치시고 채우시고 회복시키십니다.

하나님이 우리를 굳건하게 하십니다. 굳건함은 정체성에서 옵니다. 내가 누구인지를 분명하게 알 때에 마음과 생각과 행동을 굳건히 지킬 수 있습니다. 하나님께서는 내가 누군지 알려 주십니다. 내가 하나님의 자녀라는

사실, 예수 그리스도의 백성이라는 사실, 주님의 몸인 교회의 한 지체라는 사실을 알려 주십니다. 말씀으로 깨닫게 하시고 성령으로 믿게 하심으로 우리를 견고하게 하십니다.

또한 우리를 강하게 하십니다. 우리에게 견딜 만한 힘과 능력을 주십니다. 보잘것없는 내 힘이 아닌, 능하신 하나님의 손이 나의 힘과 능력이 되셔서 나를 강하게 하사 사단의 공격을 이겨내게 하시고, 죄를 극복하게 하시며, 믿음과 거룩을 지켜내게 하십니다. 절망 가운데 다시 일어설 힘을 주십니다.

하나님은 우리의 터를 견고하게 하십니다. 우리가 흔들리지 않도록 견고한 터 위에 세우십니다. 그 터는 예수 그리스도이십니다(고전 3:11). 예수 그리스도 외에는 다른 터가 없습니다. 그와 그의 말씀이 반석이십니다(마 7:24). 그를 믿는 믿음으로 견고하게 하사 넘어지지 않고 쓰러지지 않게 하십니다(마 7:25).

'반석 위에 세운 집'의 능력은 비바람과 홍수가 피해가는 것이 아닙니다. '모래 위에 지은 집'이나 '반석 위에 세운 집'이나 모두 비바람과 홍수를 맞습니다. '반석 위에 세운 집'의

정적인" 선택과 의롭다 하심 이전에 사람이 자신의 자유의지로 성취해야만 하는 새 언약의 조건이다.

성경에 따른 반론
: 성경은 참 신자의 견인이 선택을 따라 나오며, 그리스도의 죽으심과 부활하심과 간구하심의 공로로 택함 받은 자들에게 주어진다고 증언한다. "오직 택하심을 입은 자가 얻었고 그 남은 자들은 우둔하여졌느니라"(롬 11:7). 그리고 "자기 아들을 아끼지 아니하시고 우리 모든 사람을 위하여 내주신 이가 어찌 그 아들과 함께 모든 것을 우리에게 주시지 아니하겠느냐 누가 능히 하나님께서 택하신 자들을 고발하리요 의롭다 하신 이는 하나님이시니 누가 정죄하리요 죽으실 뿐 아니라 다시 살아나신 이는 그리스도 예수시니 그는 하나님 우편에 계신 자요 우리를 위하여 간구하시는 자시니라 누가 우리를 그리스도의 사랑에서 끊으리요"(롬 8:32-35).

오류 2

항론파의 주장
: 하나님께서는 신자가 인내할 수 있도록 충분한 힘을 주시고, 만약 신자가 자신의 의무를 다한다면 신

자에게 이 힘을 계속해서 주실 것이다. 그러나 믿음 안에서 인내하는 데 필요한 모든 것과 하나님께서 믿음을 지켜주시기 위해 사용하시는 모든 것이 다 갖추어졌더라도, 여전히 신자가 인내할지 안 할지는 항상 그의 의지에 달려있다.

성경에 따른 반론
: 항론파의 이 주장은 명백하게 펠라기우스주의자들의 견해다. 이 견해는 사람들을 자유롭게 하려 하지만 실제로는 사람들이 하나님의 영광을 가로채도록 만든다. 이 견해는 복음의 일관된 가르침, 곧 사람이 자랑할 모든 근거를 그에게서 없애고 이 혜택에 관한 모든 찬송을 오직 하나님의 은혜에만 돌리는 가르침에 반대된다. 또한 이 견해는 사도의 증언과도 충돌한다. "주께서 너희를 우리 주 예수 그리스도의 날에 책망할 것이 없는 자로 끝까지 견고하게 하시리라"(고전 1:8).

### 오류 3

항론파의 주장
: 참으로 중생한 신자들도 의롭다 하심을 받는 믿음만이 아니라 구원과 은혜를 완전히 그리고 확실히 잃을 수 있으며, 실제로

능력은 그 비바람을 맞고도 견디는 것입니다. 넘어지지 않고 쓰러지지 않습니다. 비에 젖고 바람에 흔들릴 수는 있지만 견고히 그 자리를 지켜낸다는 것입니다. 예수 그리스도와 그의 말씀 위에 믿음으로 견고하게 세워진 그리스도인은 그렇게 견디어 냅니다. 맞으나 쓰러지지 않고, 흔들리나 뿌리 뽑히지 않으며, 믿음으로 버텨 다시 힘을 냅니다. 그 자리를 지켜냅니다. 그것이 바로 하나님께서 우리에게 약속하신 은혜입니다.

## 성도의 견인, 주님의 인내

이 모든 은혜가 우리 안에 임할 때 우리는 '인내'라는 열매를 맺습니다. 우리는 이 모든 하나님의 은혜 안에서 '인내'라는 놀라운 능력을 발휘하게 됩니다. 잠깐 참고 마는 것이 아니라, 저 영광의 나라에 이르기까지 우리가 견디고 살게 하며, 다시 일어나게 하는 '인내'를 누립니다. 이 인내가 바로 우리의 믿음을 세우는 다섯 번째 기둥인 '성도의 견인'(Perseverance of Saints, 堅忍)입니다.

'성도의 견인'은 하나님의 은혜로 성도가

참는다. 인내한다는 의미입니다. 그러나 솔직히 말씀드리면 저는 이 '견인'을 꽤 오랫동안 잘못 알고 있었습니다. 정확한 영어 단어가 아닌 그저 우리말로 이해했기 때문입니다. 저는 이 '견인'을 참고 견딘다는 뜻의 견인(堅忍)이 아닌, '끌고 간다'는 뜻의 견인(牽引)으로 알고 있었습니다. 우리말로만 알고 있었기 때문입니다. 그래서 정확한 의미를 알고 나서는 저의 무지함이 부끄러웠습니다.

그러나 '성도의 견인'이 정말 무엇을 말하는가를 알고 나서는, 저의 그 무지와 착각이 오히려 감사했습니다. 왜냐면 우리의 견인(堅忍)은 나의 인내심, 의지, 결단, 능력에서 오는 것이 아니라, 하나님의 견인(堅忍 그리고 牽引)에서 오는 것임을 알았기 때문입니다. 하나님께서는 당신을 미워하고 말씀을 거부하며 세상을 즐거워하던 우리를 참아 주셨습니다(堅忍). 심판 대신 그 아들의 보혈로 우리를 구원해 주셨습니다. 우리에게 성령을 보내시고 성령의 도우심으로 하나님의 말씀을 깨닫게 하시고, 믿게 하시며, 거룩한 소원을 일으키사 하나님을 향한 삶을 살게 하셨습니다

종종 이 모든 것을 다 잃고 영원히 멸망한다.

성경에 따른 반론
: 항론파의 이 의견은 의롭다 하시고, 중생하게 하시고, 그리스도께서 끝까지 지켜주시는 은혜를 무효로 만들며, 사도 바울의 명백한 가르침과 모순된다. "우리가 아직 죄인되었을 때에 그리스도께서 우리를 위하여 죽으심으로 하나님께서 우리에 대한 자기의 사랑을 확증하셨느니라 그러면 이제 우리가 그의 피로 말미암아 의롭다 하심을 받았으니 더욱 그로 말미암아 진노하심에서 구원을 받을 것이니"(롬 5:8-9). 또한 사도 요한의 증언과도 충돌한다. "하나님께로부터 난 자마다 죄를 짓지 아니하나니 이는 하나님의 씨가 그의 속에 거함이요 그도 범죄하지 못하는 것은 하나님께로부터 났음이라"(요일 3:9). 그리고 예수 그리스도의 가르침과도 반대된다. "내가 그들에게 영생을 주노니 영원히 멸망하지 아니할 것이요 또 그들을 내 손에서 빼앗을 자가 없느니라 그들을 주신 내 아버지는 만물보다 크시매 아무도 아버지 손에서 빼앗을 수 없느니라"(요 10:28-29).

## 오류 4

**항론파의 주장**
: 참으로 중생한 신자들도 사망에 이르는 죄나 성령을 모독하는 죄를 지을 수 있다.

**성경에 따른 반론**
: 사도 요한은 요한일서 5장 16-17절에서 사망에 이르는 죄를 지은 사람들을 언급한 후 그들을 위해서 기도하지 말라고 가르친 후 곧바로 다음과 같이 덧붙인다. "하나님께로부터 난 자는 다 범죄하지 아니하는 줄 우리가 아노라 하나님께로부터 나신 자가 그를 지키시매 악한 자가 그를 만지지도 못하느니라"(요일 5:18).

## 오류 5

**항론파의 주장**
: 특별한 계시가 없이는 이 세상에서 아무도 앞으로의 인내를 확신할 수 없다.

**성경에 따른 반론**
: 저들의 이 가르침은 이 세상에서 참 신자들이 누리는 견고한 위로를 빼앗고 로마가톨릭교도의 의심을 교회 안으로 다시 들여온다. 그러나 성경은 신자의 확신은 어떤 특별하고 비상한 계시에서 오는 것이 아니라, 하나님의 자

---

다. 하나님으로부터는 도망치려 하고, 세상을 향해서는 즐거이 빠르게 강하게 나아가려고 하는 우리를 말씀과 성령으로 붙잡으시고 그 은혜로 이끌어 주셨습니다(牽引). 우리는 그의 손에 끌려갑니다. 그가 우리를 붙잡으시고 이끄시기에 우리는 점차 거룩한 삶으로 나아갑니다. 그가 우리를 이끄시기에 우리는 그의 손에서 은혜와 영광을 누립니다.

지금까지 묵상해 본 TULIP에 대해 다시 한 번 간단히 정리해 봅시다.

> 우리는 전적으로 타락하고 무능하여 우리 자신을 구원할 수 없을 뿐만 아니라 거룩한 삶을 살아갈 수도 없습니다(전적 타락).

> 그래서 우리가 구원을 얻기 위해서는 하나님께서 나의 어떤 것도 보지 않으시고 오직 하나님의 사랑으로만 나를 구원해 주셔야 합니다(무조건적 선택).

> 그렇게 하나님께서 수많은 사람들 중에 나를

택하셨습니다. 그가 나를 택하셨기에 그 구원은 분명하고 확실합니다(제한 속죄).

하나님께서 이 모든 구원의 일들을 이루셨으니 이 구원은 결코 취소될 수도 없고, 우리가 외면할 수도 없습니다. 그의 사랑과 열심과 열정으로 이 구원을 이루십니다(불가항력적 은혜).

하나님의 이 모든 구원의 역사가 우리 안에 열매를 맺을 때 우리는 인내하게 됩니다(성도의 견인).

우리를 구원하기로 정하신 하나님의 뜻은 취소되거나 변경될 수 없습니다. 이를 위해 흘리신 예수 그리스도의 보혈 역시 무의미하게 버려질 수 없으며, 우리를 구원으로 인도하시고 그 은혜로 살게 하시는 성령의 능력 또한 결코 무위로 돌아갈 수 없습니다. 우리는 그렇게 삼위 하나님의 손에 이끌려, 다시 일어나고, 다시 견디어가며 은혜로 하루하루를 살아가게 될 것입니다. 그러니 이 믿음의

녀들만이 지니는 특유의 표지와 하나님의 변함없는 약속에서 나온다고 가르친다. 따라서 사도 바울은 특별히 이렇게 선포했다. "높음이나 깊음이나 다른 어떤 피조물이라도 우리를 우리 주 그리스도 예수 안에 있는 하나님의 사랑에서 끊을 수 없으리라"(롬 8:39). 사도 요한도 증언한다. "그의 계명을 지키는 자는 주 안에 거하고 주는 그의 안에 거하시나니 우리에게 주신 성령으로 말미암아 그가 우리 안에 거하시는 줄 우리가 아느니라"(요일 3:24).

## 오류 6

항론파의 주장
: 성도의 견인과 구원의 확신에 관한 교리는 바로 그 본성과 특성 때문에 육신의 마취제와 같으며, 경건과 미덕과 기도와 다른 거룩한 행함에 해롭다. 오히려 이와 반대로 성도의 견인과 구원의 확신을 의심하는 것이 잘하는 것이다.

성경에 따른 반론
: 이 주장은 하나님의 은혜의 효과적인 활동과 우리 안에 거하시는 성령님의 일하심을 그들이 전혀 알지 못한다는 것을 보여준다. 그들이 이렇게 주장하는 것은 다음과 같은 사도

요한의 가르침을 부정한다. "사랑하는 자들아 우리가 지금은 하나님의 자녀라 장래에 어떻게 될지는 아직 나타나지 아니하였으나 그가 나타나시면 우리가 그와 같을 줄을 아는 것은 그의 참모습 그대로 볼 것이기 때문이니 주를 향하여 이 소망을 가진 자마다 그의 깨끗하심과 같이 자기를 깨끗하게 하느니라" (요일 3:2-3). 게다가 그들의 주장은 자신들의 견인과 구원을 확신했음에도 기도와 다른 경건한 일들을 꾸준히 행한, 구약과 신약 모두에서 나타나는 성도들의 예로도 반박된다.

**오류 7**

항론파의 주장
: 단지 한때 믿는 사람들의 믿음과 의롭다 하심을 받고 구원받는 믿음은 다르지 않다. 다만 믿음이 지속되는 기간만 차이가 있을 뿐이다.

성경에 따른 반론
: 그리스도께서는 친히 마태복음 13장 20절과 누가복음 8장 13절, 그리고 다른 여러 곳에서, 한때 믿는 자들과 참 신자들은 세 가지 면에서 다르다고 분명히 가르치신다. 그리스도께서는 한때 믿는 자들은

여정을 절대 포기하지 맙시다. 주께서 주신 믿음으로 우리는 끝까지 견디며 인내할 수 있습니다. 우리가 포기할지언정 주께선 우리를 결코 포기하지 않으십니다.

이 놀라운 은혜를 주신 하나님을 찬양합니다. 다시 한번 힘을 냅시다. 주님과 함께, 또 이 땅의 모든 그리스도의 지체들과 다같이 손 잡고 이 믿음의 길을 걸어갑시다.

씨를 돌밭에 받지만 참 신자들은 씨를 좋은 땅에 받고, 한때 믿는 자들은 뿌리가 없지만 참 신자들은 뿌리를 견고히 내리며, 한때 믿는 자들은 열매가 없으나 참 신자들은 꾸준함과 인내를 가지고 다양한 방법으로 많은 열매를 맺는다고 가르치신다.

오류 8

항론파의 주장
: 이전에 중생했던 은혜에서 떨어진 사람이 다시, 심지어 자주 중생하는 것은 결코 터무니없지 않다.

성경에 따른 반론
: 저들의 이 주장은 우리를 중생하게 하는 하나님의 썩지 아니할 씨를 부인하며 사도 베드로의 증언과 충돌한다. "너희가 거듭난 것은 썩어질 씨로 된 것이 아니요 썩지 아니할 씨로 된 것이니"(벧전 1:23).

오류 9

항론파의 주장
: 그리스도께서는 어디에서도 신자들이 믿음에서 떨어지지 않도록 그들의 인내를 위해 기도하시지 않았다.

성경에 따른 반론
: 항론파의 이런 가르침은 그리스도께서 친히 하신 말씀과 모순된다. "그러나 내가 너를 위하여 네 믿음이 떨어지지 않기를 기도하였노니"(눅 22:32). 사도 요한도 그리스도께서 사도들을 위해 기도하셨을 뿐 아니라 사도들이 전한 복음을 듣고 믿게 될 모든 사람을 위해서도 기도하신다고 증언한다. "거룩하신 아버지여 내게 주신 아버지의 이름으로 그들을 보전하사"(요 17:11), "내가 비옵는 것은 그들을 세상에서 데려가시기를 위함이 아니요 다만 악에 빠지지 않게 보전하시기를 위함이니이다"(요 17:15), "내가 비옵는 것은 이 사람들만 위함이 아니요 또 그들의 말로 말미암아 나를 믿는 사람들도 위함이니"(요 17:20).

▸ 결론

이렇게 하여 총회는 네덜란드에서 논쟁되어 온 다섯 조항에 대한 정통 교리를 분명하고 간결하며 정직하게 설명하였을 뿐만 아니라 잠깐 네덜란드 교회를 동요하게 한 오류들을 거부했다. 총회는 이 설명과 거부가 하나님의 말씀에 기초를 두고 있으며, 개혁교회들의 신앙고백에 일치하는 것으로 판결한다. 따라서 어떤 사람들이 다음과 같은 말들로 사람들을 설득하려 한 것은 매우 부적절하게 행동한 것이며, 모든 진리와 공평과 사랑을 거스른 것임이 분명히 드러난다.

_ 예정과 예정에 관련된 개혁교회들의 교리는 바로 그 특성과 성향 때문에 사람들의 마음을 모든 경건함과 신앙에서 멀어지게 한다.

_ 이 교리들은 육신과 마귀의 마취제이며 사탄의 근거지다. 사탄은 이곳에 숨어서 모든 사람을 기다렸다가 많은 사람에게 해를 입히고, 많은 사람에게 절망과 자기 과신이라는 화살로 치명상을 입힌다.

_ 이 교리들은 하나님을 죄의 조성자요, 불의한 폭군과 위선자로 만든다. 이 교리들은 스토아주의, 마니교, 방종주의, 이슬람교를 새로 꾸민 것에 불과하다.

_ 이 교리들은 사람들을 육적인 자기 과신에 빠지게 한다. 왜냐하면 이 교리들은 택함 받은 사람들이 어떻게 살든 아무것도 그들의 구원을 빼앗을 수 없으며, 그래서 그들이 매우 극악한 죄를 지어도 안전하다고 믿게 하고, 택함 받지 못한 사람들은 그들이 성도에게 속한 모든 일을 진심으로 행한다 할지라도 아무 소용이 없다고 믿

게 하기 때문이다.

_ 이 교리들은 하나님께서 죄에 대한 어떤 고려도 없이, 순전히 그분의 임의적인 뜻으로 세상 대부분이 정죄 받도록 예정하시고 창조하셨다고 가르친다.

_ 같은 방법으로 선택은 믿음과 선한 일의 근거와 원인이며, 유기는 불신앙과 불경건의 원인이다.

_ 신자의 많은 어린 자녀가 아무런 죄도 없이 어머니의 가슴에서 잡아채어져 잔인하게 지옥으로 던져진다. 그래서 그리스도의 피도 그들이 교회에서 받은 세례나, 세례를 받을 때 드린 교회의 기도도 그들에게 아무런 소용이 없다.

이외에도 개혁교회들이 부인할 뿐만 아니라 심지어 온 마음으로 맹렬히 규탄하는 다른 많은 거짓 가르침들이 있다.

그러므로 우리 도르트 총회는 여기저기에서 들은 거짓 비방을 기초로 개혁교회들의 신앙을 판단하지 말도록 우리 주 예수 그리스도의 이름을 경건하게 부르는 모든 사람에게 엄명한다. 또한 몇몇 고대와 현대 교사들의 사적인 진술을 본래 의미와 다르게 종종 그릇되게 인용하거나 문맥에서 벗어나게 인용한 것으로 판단하지 말 것을 엄명한다. 신자들은 교회의 공적 신앙고백과 총회에 참석한 모든 회원이 만장일치로 결의한 정통 교리에 관한 이 설명을 근거로 판단할 것을 엄명한다.

또한, 총회는 거짓 비방자들에게, 그들이 그토록 많은 교회와 교회의 신앙고백을 거슬러 거짓으로 증언하고, 연약한 사람들의 양심을 괴롭히고, 참 신자들의 공동체 안에 많은 의심을 일으키려고 한 것에 대해 하나님께서 얼마나 무겁게 심판하실지에 대해 깊이 생각하고 헤아려보라고 진심으로 경고한다.

마지막으로 우리 총회는 그리스도의 복음 안에 있는 동료 사역자들에게 그들이 하나님을 경외하는 마음과 경건한 태도로 학교와 교회에서 이 교리를 다룰 것을 간절히 권고한다. 복음 사역자들은 이 교리를 말하고 이 교리에 관하여 글을 쓸 때 하나님의 이름의 영광과 생명의 거룩함과 고통받는 영혼들의 위로를 추구해야 한다. 또 이 교리를 생각하고 말할 때는 믿음의 유추를 따라서 성경에 부합하도록 생각하고 말해야 한다. 그리고 복음 사역자들은 성경이 가르치는 참 의미의 테두리를 벗어나는 모든 표현을 삼가서, 파렴치한 궤변가들에게 그들이 개혁교회들의 교리를 조롱하거나 심지어 비방할 좋은 기회를 주지 말아야 한다.

성부 하나님의 오른편에 앉으시고 사람들에게 은사를 주시는 하나님의 아들 예수 그리스도께서 우리를 진리로 거룩하게 하시고, 오류를 범하는 사람들을 진리로 인도하시며, 건전한 교리를 비방하는 사람들의 입을 막아 주시고, 하나님의 말씀을 전하는 신실한 복음 사역자들에게 지혜와 분별의 영을 주셔서, 그들이 전하는 모든 말이 하나님께 영광이 되게 하시고, 그 말을 듣는 모든 사람을 세우는 일이 되게 하시기를 원하옵나이다. 아멘.

2부

# 5 SOLA
## 우리는 무엇을 믿는가?

✚ 출 39:42-43

"여호와께서 모세에게 명령하신 대로 이스라엘 자손이 모든 역사를 마치매 모세가 그 마친 모든 것을 본즉 여호와께서 명령하신 대로 되었으므로 모세가 그들에게 축복하였더라"

# 오직 성경

우리는 여러 가지 이름으로 불립니다. 예수님을 따르는 사람들이라는 의미에서 '그리스도인'이라 불리기도 하고, 교회를 다니는 사람들이기에 '교인'이라고도 불립니다. 하나님께서 구원하셔서 거룩하게 하셨기에 '성도'라고도 불립니다. 그리고 '믿는 사람들'이기에 '신자'라는 호칭에도 익숙합니다. 그리스도인의 여러 이름 중 '신자'는 그 정체성을 가장 잘 드러내는 이름입니다. 그리스도인은 '믿는 자'입니다. 무엇을 믿을까요? 예수님을 믿습니다. 그럼 예수님을 믿는다는 것은 무엇일까요?

---

**하이델베르크 교리문답**

• 1문답

문: 사나 죽으나 당신의 유일한 위안은 무엇입니까?

답: 사나 죽으나[1] 저는 제 것이 아니요,[2] 제 몸과 영혼 모두 저의 신실하신 구주 예수 그리스도의 것이라는 사실입니다.[3] 그리스도께서는 그분의 보혈로 저의 모든 죗값을 완전히 치르시고[4] 저를 마귀의 모든 권세에서 해방하셨습니다.[5] 또한 하늘에 계신 저의 아버지의 뜻이 아니면 머리털 하나도 땅에 떨어지지 않도록[6] 저를 보호하시며,[7] 모든 것

이 합력하여 저의 구원을 반드시 이루게 하십니다.[8] 그러함으로 그리스도께서는 그분의 성령으로 말미암아 제가 영생 받았음을 확신하게 해주시고,[9] 이제부터는 온 마음을 다하여 기꺼이 그리고 어느 때든지 그리스도를 위해 살게 하십니다.[10]

1) 롬 14:8; 살전 5:9-10. 2) 고전 6:19-20. 3) 고전 3:23; 딛 2:14. 4) 벧전 1:18-19; 요일 1:7; 2:2, 12. 5) 요 8:34-36; 히 2:14-15; 요일 3:8. 6) 마 10:29-30; 눅 21:18. 7) 요 6:39; 10:27-30; 살후 3:3; 벧전 1:5. 8) 롬 8:28. 9) 롬 8:16; 고후 1:22; 5:5; 엡 1:13-14. 10) 겔 36:26-27; 롬 8:14; 고후 3:6, 18; 요일 3:3

▶ 2문답

문: 이러한 위안을 누리는 복된 삶을 살고, 복된 죽음을 맞기 위해서 당신은 무엇을 알아야 합니까?

답: 세 가지를 알아야 하는데,[1] 첫째, 저의 죄와 비참함이 얼마나 큰지를,[2] 둘째, 저의 죄와 비참함으로부터 제가 어떻게 구원받을 수 있는지를,[3] 셋째, 그러한 구원을 베푸시는 하나님께 제가 어떻게 감사해야 하는지를 알아야 합니다.[4]

## 다섯 오직(5 SOLA)

우리는 '믿는 자'들, 즉 '믿음'을 가진 사람들입니다. 그런데 그 믿음의 내용이 무엇인지 정확히 알지 못한 채로 신앙생활을 할 때가 있습니다. 우리는 우리가 무엇을 믿는지, 왜 그리고 어떻게 믿게 되었는지, 그리고 이 믿음으로 인해 어떤 결과, 즉 어떤 열매를 맺게 되는지를 정확하게 알아야 합니다. 그래야 우리의 신앙생활, 말 그대로 믿음생활이 바르게 이루어질 수 있습니다.

5세기부터 16세기까지 약 1,000년간 지속되었던 중세교회 시기는 교회 역사상 그 권위와 위세가 가장 강력했던 시기였습니다. 하지만 그 권위와 위세가 오히려 교회를 타락시켰습니다. 교황이나 공의회의 결정, 교회의 오랜 전통이 성경과 동등하거나 때론 그 이상의 권위가 되어버렸습니다. 이에 반발한 믿음의 선배들, 특별히 종교개혁자들이 성경에 분명히 나타난, 믿음에 관한 중요한 내용들을 다시금 외치기 시작했습니다. 교회의 타락 아래 묻혀있던, 소중한 믿음의 유산들이 이들을 통해 재발견된 것이라 보는 것이 더 정확합니다. 이렇게 종교개혁자들의 신학을 통해 나타난 이 중요한 내용들을, 후대 신학자들이 다섯 가지의 주제로 정리했는데, 이것을 소위 '다섯 오직'(5 SOLA)이라고 부릅니다.

| 오직 성경 | 오직 그리스도 | 오직 은혜 |
|---|---|---|
| 믿음의 시작 | 믿음의 대상 | 믿음의 통로 |
| 오직 믿음 | | 오직 하나님께 영광 |
| 믿음의 능력과 가치 | | 믿음의 열매와 목적 |

이는 '종교개혁의 다섯 오직'이라고도 불립니다. 종교개혁은 믿음(신학)과 삶(도덕)이 타락한 로마 가톨릭에 대한 단순한 반대가 아니었습니다. 오히려 성경적 믿음과 참된 교회를 회복하도록 하나님께서 허락하신 은혜의 선물이었습니다. 종교개혁은 그래서 '개혁'인 동시에 '회복'입니다. 그 종교개혁으로 지금 우리가 속한 개신교회가 시작됐습니다. 그러므로 이 다섯 오직은 단순히 수백 년 전에 있었던 종교개혁의 단순한 구호로 그치지 않습니다. 수많은 도전과 유혹으로 흔들리고 넘

1) 마 11:28-30; 엡 5:8. 2) 마 9:12; 요 9:41; 롬 3:9-10; 요일 1:9-10. 3) 눅 24:46-47; 요 17:3; 행 4:12; 10:43; 고전 6:11; 딛 3:3-7. 4) 시 50:14-15; 116:12-13; 마 5:16; 롬 6:12-13; 엡 5:10; 딤후 2:15; 벧전 2:9, 12.

▸ 3문답

문: 당신은 당신의 죄와 비참함을 어떻게 압니까?

답: 저는 하나님의 율법을 통해 저의 죄와 비참함을 압니다.[1]

1) 롬 3:20; 7:7, 23-24.

▸ 4문답

문: 하나님의 율법이 우리에게 요구하는 것은 무엇입니까?

답: 그리스도께서는 마태복음 22장에서 이렇게 요약하여 가르치십니다. "네 마음을 다하고 목숨을 다하고 뜻을 다하여 주 너의 하나님을 사랑하라 하셨으니 이것이 크고 첫째 되는 계명이요, 둘째도 그와 같으니 네 이웃을 네 자신 같이 사랑하라 하셨으니, 이 두 계명이 온 율법과 선지자의 강령이니라"(마

22:37-40).[1]

1) 레 19:18; 신 6:5; 막 12:30-31; 눅 10:27.

• **18문답**

문: 그렇다면 참 하나님이시면서[1] 동시에 의로운 참 사람이신[2] 중보자는 누구입니까?[3]

답: 우리 주 예수 그리스도이십니다.[4] 그리스도께서는 하나님으로부터 나와서 우리에게 지혜와 의로움과 거룩함과 구원함이 되셨습니다.[5]

1) 렘 23:6; 말 3:1; 롬 8:3; 갈 4:4; 요일 5:20. 2) 눅 1:42; 2:6-7; 롬 1:3; 빌 2:7; 히 2:14, 17; 4:15. 3) 사 53:9, 11; 렘 23:5; 눅 1:35; 요 8:46; 히 4:15; 7:26; 벧전 1:19; 2:22; 3:18; 요일 3:5. 4) 마 1:23; 눅 2:11; 요 1:1, 14; 14:6; 롬 9:5; 딤전 2:5; 3:16; 히 2:9. 5) 고전 1:30; 고후 5:21.

▸ **19문답**

문: 당신은 이것을 어떻게 압니까?

답: 거룩한 복음을 통해 압니다. 하나님께서는 친히 이 복음을 에덴동산에서

어지는 지금 우리의 믿음과 현실의 삶을 새롭게 하고 견고하게 회복시킬 하나님의 은혜의 선물입니다.

## 오직 성경, 영원하고 완전한 하나님의 말씀

이 다섯 가지의 믿음의 내용 중 처음으로 묵상해 볼 주제는 바로 '오직 성경'입니다. 이는 하나님께서 오직 성경으로만 우리에게 구원 얻는 믿음을 주셨고, 구원과 삶의 유일하고 절대적인 교훈을 주셨음을 의미합니다.

이는 두 가지를 믿는 것인데, 먼저는 성경을 하나님의 말씀으로 믿는 것입니다. 성경은 하나님의 말씀이기에 변하지 않는 영원하고 완전한 진리입니다. 성경의 일부만 하나님의 말씀인 것이 아닙니다. 우리가 현재 읽고 있는 성경 그 자체가 하나님의 말씀은 아니지만 어떤 특별한 과정을 거쳐 하나님의 말씀이 되는 것도 아닙니다. 성경은 그 자체로 '한 구절 한 구절, 전체'가 이미 하나님의 말씀입니다.

또한 성경의 충분함을 믿는 것입니다. 성경이 하나님의 말씀임을 믿는다면, 성경이 어떤 모자람이나 부족함 없이, 우리의 구원과

삶에 있어 충분하다는 것도 믿어야 합니다. 하나님의 말씀이기에 오직 성경으로 충분합니다. 특별히 우리는 이 성경의 충분함이 의심 받는 시대를 살아가고 있습니다. 성경은 우리의 구원과 삶에 있어, 그 권위와 교훈과 능력이 충분합니다.

**오직 성경, 오직 말씀대로**

애굽을 떠나 가나안으로 향하는 이스라엘의 여정은 어렵고 힘든 길이었습니다. 가장 큰 어려움은 애굽이었습니다. 그들의 군사적인 위협은 엄청났습니다. 그러나 하나님의 특별한 도우심으로 이 공격을 피할 수 있었습니다. 그런데 애굽의 진짜 위협은 무력이 아니었습니다. 진정한 위협은 다름 아닌 이스라엘 백성들이 경험했던 애굽의 앞선 문명과 풍족한 경제였습니다. 그 경험과 기억이 광야 내내 그들의 마음과 발목을 붙잡았습니다. 거칠고 고달픈 광야길에서 애굽에 대한 기억은 불만과 불평의 이유가 됐습니다. 그 기억이 그들로 하여금 모세를 미워하고 하나님의 말씀에 불순종하는 죄를 짓게 했습니다.

처음 계시하셨고,[1] 이후에는 족장들과[2] 선지자들을[3] 통해 선포하셨으며, 율법 제사들과 여러 의식으로써 나타내셨고,[4] 마지막에는 하나님의 독생자를 통해 이 복음을 성취하셨습니다.[5]

1) 창 3:15.  2) 창 12:3; 22:18; 26:4; 28:14; 49:10. 3) 사 42:1-4; 43:25; 49:6; 52:13-53:12; 렘 23:5-6; 31:32-33; 미 7:18-20; 요 5:46; 행 3:22-24; 10:43; 롬 1:2; 히 1:1.  4) 레 1-7; 골 2:17; 히 10:1, 7.  5) 롬 10:4; 갈 3:24; 4:4-5; 골 2:17; 히 1:1-2.

▶ **65문답**

문: 오직 믿음으로만 그리스도와 그분이 베푸시는 모든 은택에 참여하게 되는데, 이 믿음은 어디에서 오는 것입니까?

답: 성령님께서 이 믿음을 우리에게 주십니다.[1] 성령께서는 거룩한 복음 전도(preaching, 설교)*를 통해 우리 마음에 믿음을 일으키시며,[2] 거룩한 성례 시행을 통해 이 믿음을 확고하게 하십니다.[3]

1) 요 3:5; 고전 2:12; 12:3; 엡 2:8; 빌 1:19.  2) 행 16:14; 롬 10:17; 약 1:18; 벧

전 1:23. 3) 마 28:19; 고전 11:26.

* 편집자주: preaching을 전도로 번역한 한재술 형제의 의견을 존중하며, 오직 성경의 관점에서 설교라고 보아도 되지 않을까 생각하여 의견을 더했다.

▸ 96문답

문: 하나님께서 제2계명에서 요구하시는 것은 무엇입니까?

답: 하나님을 어떤 형태로든 형상으로 표현하지 말고,[1] 하나님께서 말씀으로 명하신 것과 다른 방법으로 하나님을 예배하지도 말라는 것입니다.[2]

1) 신 4:15-18; 사 40:18-19, 25; 행 17:29; 롬 1:23-25.
2) 레 10:1-2; 신 12:30-32; 삼상 15:22-23; 마 15:9.

▸ 97문답

문: 그러면 어떤 형상도 만들면 안 됩니까?

답: 하나님은 어떤 형태로든 형상으로 표현될 수 없고, 표현해서도 안 됩니다. 피조물은 형상으로 표현할 수 있지만, 피조물을 예배하거나, 또는 피조물을

그로 인해 그들은 실제로 신체적, 물리적 어려움을 겪었습니다. 40년의 긴 광야 생활을 감내해야 했습니다. 메마르고 거친 광야에는 곳곳에 강도들이 있었고 전쟁의 위험이 끊이지 않았습니다. 배고픔과 갈증, 불안과 공포가 끊이지 않는 길을 걷고 또 걸었습니다. 그러한 모든 어려움은 결국 자신들의 욕망을 투영한 '우상숭배'로 나타났습니다. 이로 인해 그들은 큰 심판을 받게 됩니다.

그들에게는 '도움'이 절실히 필요했습니다. 애굽보다 복된 삶을 보장하는 확실한 약속이 그들에게 필요했습니다. 광야에서 길을 잃거나 방황하지 않도록 그들을 이끌 '인도자', 배고픔과 목마름을 이겨낼 수 있도록 그들을 돕는 '공급자', 강도와 원수의 공격에서 지켜줄 '보호자'가 필요했습니다. 끊임없이 하나님의 뜻을 알려주고 진리를 깨우쳐 줄 '교사와 선지자'도 필요했고, 하나님의 사랑과 인자와 공의를 베풀 '왕'이 필요했으며, 그들을 하나님께 인도하여 거룩하게 할 '제사장'도 필요했습니다. 결국 그들에게는 하나님이 필요했습니다. 하나님의 구원, 도움, 사랑, 은혜, 인

도, 다스림, 임재, 동행이 필요했습니다.

하나님께서는 이 모든 것을 '성막'에서 베푸셨습니다. 이를 위해 그들에게 성막을 짓게 하셨습니다. 성막뿐만 아니라 거기에 필요한 여러 기물들, 제사장의 옷 등도 만들도록 명령하셨습니다. 당신을 필요로 하는 백성들 가운데 거하시기 위해서였습니다. 이후 하나님께서는 성막에 임재하셨고, 백성들은 성막에서 하나님을 뵈었으며, 그곳에서 죄 사함과 거룩함의 제사를 드렸습니다. 그들은 이러한 성막을 '오직 하나님의 말씀대로' 만들었습니다.

> 모세가 그 마친 모든 것을 본즉 여호와께서 '명령하신 대로' 되었으므로 모세가 그들에게 축복하였더라(출 39:43)

이스라엘은 하나님의 도우심을 구하는 데 있어 다른 무언가가 더 이상 필요하지 않았습니다. 그들은 성막을 통해 그들 가운데 거하시는 하나님을 얻게 되었습니다. 그들의 성막은 당시의 다른 나라들에 있었던 신전들처럼 거대하고 화려하지 않았습니다. 하지만 괜

이용하여 하나님을 예배하려는 목적으로 형상을 만들거나 소유하는 일은 금지하십니다.[1]

1) 출 34:13-14, 17; 신 12:3-4; 16:22; 왕하 18:4; 사 40:25.

▸ 98문답

문: 하지만 교회에서 일반 성도들을 가르치거나 교육하기 위한 목적으로 형상들을 허용할 수 있지 않습니까?

답: 허용할 수 없습니다. 우리는 하나님보다 더 지혜로운 체해서는 안 됩니다. 하나님께서는 당신의 백성이 말 못 하는 우상을 통해서가 아니라[1] 당신의 말씀에 대한 살아 있는 설교를 통해서 배우게 하십니다.[2]

1) 렘 10:5, 8; 합 2:18-19.
2) 롬 10:14-17; 딤후 3:16-17; 벧후 1:19.

:::웨스트민스터
대교리문답:::

▸ 2문답

문: 하나님께서 계시다는 것

을 어떻게 알 수 있습니까?

답: 사람 안에 있는 본성의 참된 빛과 하나님께서 지으신 피조물이 하나님께서 계시다는 것을 분명하게 선포합니다.[1] 그러나 사람들을 구원에 이르게 하는 데에는 하나님의 말씀과 성령만이 하나님을 사람들에게 충분하고 효과적으로 나타냅니다.[2]

1) 롬 1:19-20; 시 19:1-3; 행 17:28.  2) 고전 2:9-10; 딤후 3:15-17; 사 59:21.

▸ 3문답

문: 무엇이 하나님의 말씀입니까?

답: 구약과 신약 성경이 하나님의 말씀이며,[1] 믿음과 순종을 위한 유일한 법칙입니다.[2]

1) 딤후 3:16; 벧후 1:19-21. 2) 엡 2:20; 계 22:18-19; 사 8:20; 눅 16:29, 31; 갈 1:8-9; 딤후 3:15-16.

▸ 4문답

문: 성경이 하나님의 말씀이라는 것을 어떻게 알 수 있습니까?

찾았습니다. 그들은 더 화려하고 멋진 성막을 만들기 위해 이방의 기술과 지혜를 더하지 않았습니다. 그들과 언제나 함께 하시는 하나님의 은혜를 받는 데는 하나님의 말씀으로, 그에 대한 순종으로 충분했습니다. 그 말씀대로 성막을 만들었고, 말씀대로 하나님께 예배하며 그 앞에 나아갔습니다. 그들은 성막에서 하나님의 은혜를 충분히 받아 누리며 그 고된 광야 길을 걸어갈 수 있었습니다.

## 오직 성경, 말씀의 충분성

오늘 우리에게도 하나님의 말씀은 충분합니다. 이스라엘이 광야에서 만든 우상은 그들에게 아무런 답도 주지 못했습니다. 중세 시대 사람들도 그렇게 생각했습니다. 그래서 인간의 결정과 노력, 인간의 사유로 빈 곳을 채우려했지만 오히려 하나님으로부터 더 멀어지기만 할 뿐이었습니다.

우리는 어떻습니까? '성경이 하나님의 말씀임을 믿습니다'라는 말은 하지만, '성경으로 충분합니다'라는 말은 쉽게 하지 못하는 시대입니다. 성경 외에 수많은 답들이 쏟아져 나오기 때문입니다. 성경만으로는 부족하니 다른 그 무엇으로 보충하고 채워야 한다고 믿는 시대입니다. 성경이 하나님의 말씀임을 믿는다고 하면서, 성경이 충분하다는 사실은 잘 인정하지 않는 시대를 살고 있습니다. '믿음 따로 삶 따로', '말 따로 행동 따로'의 모습으로 살아갑니다.

우리의 믿음은 성경으로 충분합니다. 그런데 많은 사람들이 성경이 아닌 다른 것으로 믿음을 채우려고 합니다. 하나님을 아는 지식, 하나님의 뜻을 아는 것은 성경이 하나님의 말씀이니 당연히 성경으로 충분합니다. 그런데 많은 사람들이 특별한 소리를 듣고, 환상을 봐야 하나님을 안다고 말합니다. 우리의 성화 역시도 마찬가지입니다. 성화의 주체이신 성령께서 성경을 기록하게 하셨고 그 기록된 말씀으로 일하시기에 성화 역시 성경으로 충분합니다. 그러나 많은 사람들이 심리 상담과 성격 검사, 자기 계발 등으로 변화를 이루려고 합니다.

성경이 이 세상과 우리의 가정을 변화시키기에 부족합니까? 그렇지 않습니다. 천지

답: 성경은 그 장엄함과[1] 순수성,[2] 모든 부분의 일치,[3] 모든 영광을 하나님께 돌리는 성경 전체의 의도,[4] 믿는 자들이 구원에 이르도록 위로하고 세우는 것과, 죄인들을 깨닫게 하고 회심하게 하는 빛과 권능에 의해, 스스로 하나님의 말씀이라는 것을 분명하게 나타냅니다.[5] 그러나 사람의 마음 속에서 성경과 함께, 또 성경으로 말미암아 증거하시는 하나님의 성령만이 성경이 참으로 하나님의 말씀임을 온전히 설득하실 수 있습니다.[6]

1) 호 8:12; 고전 2:6-7, 13; 시 119:18, 시 129. 2) 시 12:6; 시 119:140. 3) 행 10:43; 행 26:22. 4) 롬 3:19, 27. 5) 행 18:28; 히 4:12; 약 1:18; 시 19:7-9; 롬 15:4; 행 20:32. 6) 요 16:13-14; 요1 2:20, 27; 요 20:31.

▶ 5문답

문: 성경이 주로 가르치는 것은 무엇입니까?

답: 성경이 주로 가르치는 것은 사람이 하나님에 대해 무엇을 믿어야 하는가와 하나님께서 사람에게 요구하시는 의무는 무엇

인가입니다.[1]

1) 딤후 1:13.

▶ **6문답**

문: 성경은 하나님에 대해 무엇을 알려줍니까?

답: 성경은 하나님께서 어떤 분이신지와[1] 한 신격 안에 있는 위person들과[2] 하나님의 작정과[3] 하나님께서 그 작정을 어떻게 이루시는지를 알려줍니다.[4]

1) 히 11:6. 2) 요1 5:7(KJV 본문은 다음과 같습니다: For there are three that bear record in heaven, the Father, the Word, and the Holy Ghost: and these three are one.). 3) 행 15:14-15, 18. 4) 행 4:27-28.

▶ **155문답**

문: 말씀이 어떻게 구원을 위해 효과적으로 사용됩니까?

답: 하나님의 성령께서는 말씀을 읽는 것, 특별히 말씀을 설교하는 것을 효과적인 수단으로 사용하셔서 죄인을 이해시키시고[1] 깨닫게 하시고 겸손하게 하시며,[2] 죄인들을 그들

를 지으시고 다스리시는 하나님의 말씀이 담긴 성경입니다. 우리에겐 성경만으로 충분합니다. 그럼에도 불구하고 많은 그리스도인들이 하나님의 말씀이 아닌, 세상 정치와 권력과 돈을 의지합니다.

우리가 어디에서 어떻게 하나님을 만날 수 있습니까? 하나님은 말씀 가운데 임재하십니다. 예수님은 육체로 우리 가운데 거하신 말씀이시며, 성령님은 말씀을 기록하게 하셨고, 우리가 그것을 듣고 깨닫고 믿고 순종하도록 이끄십니다. 삼위일체 하나님이 말씀으로 계시고, 말씀하시며, 말씀으로 일하시는데 도대체 성경이 아닌 어디에서 하나님을 만나고 경험할 수가 있겠습니까?

## 오직 성경, 믿음의 태도

'오직 성경'은 '얼마나 잘 아느냐'의 문제가 아닙니다. 우리의 지성을 자극하고, 공부를 촉구하고, 지식을 강조하는 모토가 아닙니다. 성경만 알고 다른 것은 몰라도 된다는 말 역시 아닙니다. 성경을 더 잘 이해하기 위해서는 성경에 관한 것들을 알아야 하고, 때로는

세상의 지혜와 지식도 잘 알아야 합니다.

'오직 성경'은 '누구와 함께 사느냐', '어떻게 사느냐'의 문제입니다. 즉 '우리 삶의 실제적인 문제'인 것입니다. 우리는 어쩌면 광야를 지나던 이스라엘 백성들보다 훨씬 더 고통스러운 삶을 살고 있는지도 모릅니다. 애굽에서 누렸던 것들보다 훨씬 더 강력한 유혹이 우리를 흔들기도 하고, 더 많은 경제적 어려움과 질병의 고통이 늘 파도처럼 밀려옵니다. 이 각박한 세상에서 우리는 사랑보다 미움을, 화평보다 분열과 갈등을, 소망보다는 염려와 불안을 안고 살아갑니다.

어떻게 이 길을 걸어가야 할까요? 어떻게 이 어려움을 헤쳐 나가야 할까요? 누구를, 무엇을 의지해야 할까요? 신자에겐 가장 좋은 선택이 이미 존재합니다. 하나님의 영원하신 말씀 앞에 서는 것입니다. 그렇게 하나님과 함께 하는 것입니다. 우리의 유일한 소망과 능력이 되시는 하나님의 말씀을 붙잡고 살아가는 것입니다. 이 지난한 믿음의 여정은 오직 말씀으로 가능하며 그것으로 충분합니다. 하나님의 말씀이 충분하기에, 오직 말씀

자신에게서 끌어내어 그리스도께로 이끄십니다.[3] 또 죄인들이 그리스도의 형상을 따르게 하시고,[4] 그리스도의 뜻에 복종하게 하시고,[5] 유혹과 부패에 맞설 수 있도록 그들을 강하게 하시고,[6] 은혜 안에서 세우시고,[7] 구원에 이르는 믿음으로 죄인들의 마음을 거룩함과 위로로 굳게 세우셔서, 말씀이 구원을 위해 효과적으로 사용되게 하십니다.[8]

1) 느 8:8; 행 26:18; 시 19:8. 2) 고전 14:24-25; 대하 34:18-19, 26-28. 3) 행 2:37, 41; 행 8:27-39. 4) 고후 3:18. 5) 고후 10:4-6; 롬 6:17. 6) 마 4:4, 7, 10; 엡 6:16-17; 시 19:11; 고전 10:11. 7) 행 20:32; 딤후 3:15-17. 8) 롬 16:25; 살전 3:2, 10-11, 13; 롬 15:4; 롬 10:13-17; 롬 1:16.

▶ 156문답

문: 하나님의 말씀은 모든 사람이 읽어야 합니까?

답: 비록 모든 사람이 회중 앞에서 공적으로 하나님의 말씀을 읽도록 허락되지는 않았지만,[1] 그럼에도 모든 부류의 사람에게는 각자 혼자서[2] 또 가족과 함께 하나님의 말씀을 읽을 의무가 있습니다.[3] 이

를 위해서 성경은 원어에서 각 나라의 대중 언어로 번역되어야 합니다.⁴⁾

1) 신 31:9, 11-13; 느 8:2-3; 느 9:3-5.  2) 신 17:19; 계 1:3; 요 5:39; 사 34:16.  3) 신 6:6-9; 창 18:17, 19; 시 78:5-7.  4) 고전 14:6, 9, 11-12, 15-16, 24, 27-28.

▸ **157문답**

문: 하나님의 말씀은 어떻게 읽어야 합니까?

답: 우리는 하나님의 말씀을 크게 높이며, 경건하고 매우 존경하는 마음으로 읽어야 합니다.¹⁾ 성경이 바로 하나님의 말씀이며,²⁾ 하나님께서만이 우리가 성경을 이해하게 하실 수 있다는 굳은 확신을 가지고 읽어야 합니다.³⁾ 또 성경에 계시된 하나님의 뜻을 알고 믿고 순종하고자 하는 열망을 가지고 읽어야 합니다.⁴⁾ 부지런히 읽어야 하고,⁵⁾ 성경의 내용과 목적에 주의하며 읽어야 하고,⁶⁾ 묵상하고,⁷⁾ 적용하고,⁸⁾ 자기를 부인하고,⁹⁾ 기도하며 읽어야 합니다.¹⁰⁾

1) 시19:10; 느 8:3-10; 출 24:7; 대하 34:27; 사 66:2.  2) 벧후 1:19-21.  3) 눅 24:45; 고후 3:13-16.  4) 신 17:10, 20.  5) 행 17:11.  6) 행 8:30, 34; 눅 10:26-

으로 가능한 것입니다.

안개가 자욱한 밤바다를 항해하는 군함이 있습니다. 안개가 너무 짙어 어디가 하늘이고 바다인지, 어디까지가 배의 갑판이고 어디서부터가 바다인지, 앞에 항구가 있는지 바위가 있는지 전혀 보이지 않습니다. 실제로 이런 상황이라면 모든 선원들은 극도의 공포에 사로잡혔을 것입니다. 만약 전쟁 중이었다면 어땠을까요? 극도의 공포를 넘어 다가올 죽음의 위협에 몸서리쳤을 것입니다.

그런데 그때, 안개가 자욱할 때 가장 중요한 사람들이 있는데 바로 '전탐병'입니다. 전탐, 레이다를 보는 겁니다. 레이다에는 보이기 때문입니다. 아무도 앞을 보지 못하고 두려움에 빠진 그때, 전탐병은 그 배와 배에 탄 모든 사람들의 눈이 되어 그들을 인도합니다. 아무것도 보이지 않지만, 전탐병은 모든 것을 봅니다. 그리고 그 보는 것이 배와 선원들의 안전을 지키기에 충분합니다. 만약 다른 것이 개입하거나, 누군가의 어설픈 경험이나 감, 요행이 더해졌다면 분명 사고가 났을 것입니다. 성경이 바로 어두운 길을 가는 우리의 '레이다'입니다. 아니 레이다와는 비교도 할 수 없는 생명의 진리입니다. 내 발의 등이며 내 길의 빛입니다.

독자 여러분, 하나님의 말씀은 우리에게 충분합니다. 앞이 보이지 않는, 곳곳에 지뢰와 같은 위험이 기다리는 이 광야 같은 현실에서 우리를 주께서 원하시는 길로 인도하기에 충분합니다. 하나님의 지혜와 교훈과 능력이 이 말씀 속에 있습니다. 하나님의 말씀을 기준 삼아 걸어가는 우리의 여정은 분명 안전하고 평안할 것입니다.

28. 7) 시 1:2; 시 119:97. 8) 대하 34:21. 9) 잠 3:5; 신 33:3. 10) 잠 2:1-6; 시 119:18; 느 7:6,8.

✚ 요 14:6

"예수께서 이르시되 내가 곧 길이요 진리요 생명이니 나로 말미암지 않고는 아버지께로 올 자가 없느니라"

✚ 행 4:12

"다른 이로써는 구원을 받을 수 없나니 천하 사람 중에 구원을 받을 만한 다른 이름을 우리에게 주신 일이 없음이라 하였더라"

## 오직 그리스도

**5 SOLA 2**

두 번째 '오직'을 살펴보겠습니다. 우리는 '오직 예수 그리스도만'을 믿습니다. 주님께서 직접 말씀하신 것과 같이(요 14:6), 오직 예수님만이 우리를 구원으로 인도하는 유일한 길이며, 구원의 길을 알려주시는 진리이시고, 구원의 영생을 주시는 생명이십니다. 베드로가 성령으로 충만하여 사람들에게 선포했듯이(행 4:12), 다른 이로써는 구원을 얻을 수 없습니다. 하나님께서는 예수 그리스도 외에는 구원받을 수 있는 다른 이름을 주지 않으셨습니다. 우리는 오직 예수 그리스도만이 우리 구원의 주이심을 믿습니다.

### 하이델베르크 교리문답

- **12문답**

문: 하나님의 의로운 심판에 의해 우리는 이 세상에서 그리그 영원히 형벌을 받아 마땅합니다. 이 형벌을 피하고 다시 하나님의 은혜를 입을 수 있는 길이 있습니까?

답: 하나님께서는 하나님의 공의가 만족되기를 원하십니다.[1] 따라서 우리는 우리 스스로든, 아니면 다른 누군가를 통해서든 하나님의 공의가 완전히 만족되게 해야 합니다.[2]

1) 창 2:17; 출 20:5; 23:7;

겔 18:4; 히 10:30. 2) 사 53:11; 마 5:26; 롬 8:3-4.

▸ **13문답**

문: 그러면 우리가 스스로 하나님의 공의를 만족시킬 수 있습니까?

답: 결코 그렇지 않습니다. 오히려 우리는 날마다 죄책을 쌓아갈 뿐입니다.[1]

1) 욥 9:2-3; 시 130:3; 마 6:12; 롬 2:4-5.

▸ **14문답**

문: 단지 피조물에 지나지 않은 것으로서 우리를 대신해 하나님의 공의를 만족시킬 수 있는 존재가 세상에 있습니까?

답: 하나도 없습니다. 우선, 하나님께서는 사람이 범한 죄 때문에 다른 피조물 벌하기를 원하지 않으십니다.[1] 더군다나 단지 피조물에 지나지 않은 어떠한 피조물도 죄에 대한 하나님의 영원한 진노의 무게를 감당할 수 없으며, 다른 피조물을 그 진노에서 구원할 수도 없습니다.[2]

1) 겔 18:4; 히 2:14-17. 2) 시 49:7-8; 130:3; 나 1:6;

## 오직 예수, 유일한 구원의 길

중세 시대 로마 가톨릭은 예수 그리스도 외에도 다른 구원의 길이 있거나, 혹은 예수 그리스도만으로는 부족하니 무언가를 더해야 구원을 받을 수 있다고 믿었습니다. 대표적으로 예수님의 어머니 '마리아'입니다. 그들은 마리아를 가리켜 '우리를 중보자 예수 그리스도에게로 인도하는 중재자'(mediatrix, 중재자 혹은 중보자)라고 믿었습니다. 마리아를 모든 은총의 중재자라는 특별한 존재로 공경했고, 이로 인해 후대에 사실상 중보자로 대우한 것이나 마찬가지 아니냐는 비판을 받습니다. 뿐만 아닙니다. 많은 성자들의 공로가 교회의 보고(寶庫)에 저장되어 신자에게 면죄부를 수여할 수 있다고 했으며, 심지어 성자들이 사용했던 물건들, 혹은 교황이 인정한 성물이라고 불리는 것들을 특별히 여겨 이를 죄 사함과 구원의 통로인양 오해하게 만들었습니다. 이는 성경을 오해한 것이며, 성경이 우리에게 알려주는 은혜와 구원의 길도 아니었습니다.

우리의 구원은 오직 예수 그리스도만으로 '가능'하고 '충분'합니다. 예수 그리스도 외에는 구원의 길이 없고, 다른 무언가를 더할 필요도 없습니다. 우리의 죄와 비참함 때문입니다. 우리의 죄는 죄를 저지른 나 자신은 물론이고, 어떤 사람이나 물건이 해결해 줄 수 있는 것이 아닙니다.

죄의 본질은 단순히 다른 사람에게 고통을 주는 나쁜 행동이나 생각이 아닙니다. 죄의 본질은 하나님의 뜻을 거슬러 행한 모든 행동과 품은 마음과 생각입니다. 따라서 우리의 죄는 본질적으로 모두 하나님을 향한 것이고, 죗값 역시 하나님께 갚아야 합니다.

하나님께서 요구하시는 죄의 값은 생명입니다. 생명을 주신 하나님께서 하나님을 거스른 자들에게 그 생명을 요구하시는 것은 당연한 하나님의 권리입니다. 하지만 우리에게는 이 문제를 해결할만한 능력이 없습니다. 우리 주위에도, 이 땅의 그 누구도, 그 어떤 것도 이 문제를 해결할 수 없습니다. 그러면 우리는 이대로 저주 가운데 멸망해야 할까요? 아닙니다. 하나님께서는 저주받아 마땅한 우리를 사랑하셔서 성경을 통해 예수 그리스도라는 구원의 길을 알려주셨습니다.

히 10:4.

▶ 15문답

문: 그렇다면 우리는 어떠한 중보자와 구원자를 찾아야 합니까?

답: 참 사람이시면서,[1] 완전히 의로우시고,[2] 동시에 모든 피조물보다 능력이 뛰어나신 참 하나님을 찾아야 합니다.[3]

1) 고전 15:21; 히 2:17. 2) 고후 5:21; 히 7:26. 3) 사 7:14; 9:6; 렘 23:6; 요 1:1; 롬 8:3-4.

▶ 16문답

문: 중보자는 왜 참 사람이시면서 완전히 의로우신 분이셔야 합니까?

답: 하나님의 공의는 죄지은 사람이 그 죗값 치르기를 요구합니다.[1] 하지만 그 자신이 죄인인 사람은 다른 사람을 위해 죗값을 치를 수 없기 때문입니다.[2]

1) 사 53:3-5; 렘 33:15; 겔 18:4, 20; 롬 5:12, 15; 고전 15:21; 히 2:14-16. 2) 시 49:7-8; 히 7:26-27; 벧전 3:18.

## 오직 예수, 자녀됨의 은혜

죄인인 우리는 마치 부모님이 아끼는 비싼 그릇을 함부로 다루다 깨트려 버린 아이와 같습니다. 죄는 저질렀으나 이를 갚을 능력이 없는, 깨어진 그릇 앞에서 부모님의 질책과 벌을 받을 수밖에 없어 두려움에 떨어야 하는 그런 존재 말이죠. 그러나 그 그릇이 부모님의 그릇이라는 사실 자체가 두려움의 이유이면서도 동시에 회복과 소망의 이유가 됩니다. 부모는 그릇이 아무리 비싸더라도, 그 그릇보다 자기 자녀를 더 사랑하기 때문입니다. 이제 깨어진 그릇에 대한 책임과 징계는, 부모가 자녀에게 베푸는 사랑과 용서로 옮겨가게 됩니다. 자녀이기 때문에, 그 부모는 그릇을 깬 자녀의 잘못을 책망하고 꾸짖기는 하지만, 영원히 쫓아낸다거나 그 그릇 값을 다 보상하기까지 자녀와의 관계를 끊지 않습니다. 부모는 잘못은 꾸짖지만, 용서하고 주의를 주며, 다시 부모의 사랑을 누리게 합니다.

누가복음 15장을 보면 탕자의 이야기가 나옵니다. 아버지의 마음에 상처를 남기고 큰소리치며 집을 나섰던 그 아들은, 갖고 나

---

▸ **17문답**

문: 중보자는 왜 동시에 참 하나님이셔야 합니까?

답: 중보자가 그의 신적 능력으로[1] 하나님의 진노의 무게를[2] 그의 인성에 짊어지시며,[3] 우리에게 의와 생명을 회복시켜 주시기 위함입니다.

1) 사 9:6; 롬 1:4; 히 1:3. 2) 신 4:24; 시 130:3; 나 1:6. 3) 사 53:4, 11; 요 10:17-18. 4) 사 53:5, 11; 54:8; 요 3:16; 행 20:28; 고후 5:21; 벧전 3:18.

▸ **18문답**

문: 그렇다면 참 하나님이시면서[1] 동시에 의로운 참 사람이신[2] 중보자는 누구입니까?[3]

답: 우리 주 예수 그리스도이십니다.[4] 그리스도께서는 하나님으로부터 나와서 우리에게 지혜와 의로움과 거룩함과 구원함이 되셨습니다.[5]

1) 렘 23:6; 말 3:1; 롬 8:3; 갈 4:4; 요일 5:20. 2) 눅 1:42; 2:6-7; 롬 1:3; 빌 2:7; 히 2:14, 17; 4:15. 3) 사 53:9, 11; 렘 23:5; 눅 1:35; 요 8:46; 히 4:15; 7:26; 벧전 1:19; 2:22; 3:18; 요일

간 돈을 모두 탕진한 채 굶주려 죽을 지경에 처하자 더럽고 비참한 몰골로 돌아옵니다. 아버지는 그런 그를 다시 받아주고, 심지어 기쁜 마음으로 아들의 자리를 회복시킵니다. 그럴 자격이 없는 녀석이었지만, 자신의 아들이기에 그러했습니다. '아들'이라는 사실이 이유이고 자격이었습니다.

우리에게 주시는 하나님의 사랑이 그러합니다. 모두가 그릇을 깰 수 있지만, 자녀와 자녀가 아닌 이는 그 이후가 다릅니다. 죄는 다 지을 수 있지만, 하나님의 자녀와 원수는 하나님께로부터 받는 처분이 다릅니다. 중요한 것은 깨어진 그릇과 저질러진 죄가 아니라 하나님의 자녀가 되는 것입니다. 하나님의 원수는 죄 이후 심판과 저주를 피할 수 없지만, 하나님의 자녀는 용서와 회복을 받을 수 있기 때문입니다. 원수는 죄를 짓고 심판과 저주를 피할 수 없지만, 자녀는 잠시 꾸중과 징계를 받아도 결국 용서와 회복을 받습니다. 중요한 것은 자녀가 되는 것입니다.

그러면 어떻게 해야 하나님의 자녀가 될 수 있습니까?

3:5. 4) 마 1:23; 눅 2:11; 요 1:1, 14; 14:6; 롬 9:5; 딤전 2:5; 3:16; 히 2:9. 5) 고전 1:30; 고후 5:21.

▸ 29문답

문: 왜 하나님의 아들을 구주라는 의미를 지닌 "예수"라고 부릅니까?

답: 그분이 우리를 구원하여 우리를 우리 죄에서 해방해 주시기 때문입니다.[1] 또한 그분 외에는 구원을 구해서도 안 되며, 찾을 수도 없기 때문입니다.[2]

1) 마 1:21; 히 7:25. 2) 사 43:11; 행 4:11-12; 딤전 2:5; 요일 5:11-12.

▸ 30문답

문: 그렇다면 자신의 구원과 복을 성인에게서, 혹은 자기 자신이나 다른 데서 구하는 사람들이 있는데, 그런 사람들은 예수님을 유일한 구주로 믿는 것입니까?

답: 아닙니다. 그들은 말로는 예수님을 자랑하지만, 실제 행위로는 유일한 구주 예수님을 부인합니다.[1] 왜냐하면 예수님이 완전한 구주가 아니시든지, 아

니면 참된 믿음으로 이 구주를 영접하는 사람들이 자신들의 구원에 필요한 모든 것을 예수님 안에서 반드시 찾든지 둘 중 하나만 참되기 때문입니다.[2]

1) 고전 1:13, 30-31; 갈 5:4.
2) 사 9:7; 요 1:16; 골 1:19-20 2:10; 히 12:2; 요일 1:7.

▶ **31문답**

문: 왜 예수님을 기름 부음을 받은 자라는 의미를 지닌 "그리스도"라고 부릅니까?

답: 왜냐하면 예수님께서는 성부 하나님께로부터 세움을 받으시고 성령으로 기름 부음을 받으심으로[1] 큰 선지자와 선생이 되셔서 우리의 구원을 위한 하나님의 감추어졌던 계획과 뜻을 우리에게 온전히 계시하시고,[2] 대제사장이 되셔서 자신의 몸을 희생제물로 단번에 드려 우리를 구속하시고,[3] 우리를 위해 하나님 아버지께 항상 간구하시며,[4] 우리의 영원한 왕이 되셔서 그분의 말씀과 성령으로 우리를 다스리시고, 우리를 위해 값 주고 사신 그 구원을 우리가 누리도록 우리를 보호하시고 보존하시기 때문입니다.[5]

영접하는 자 곧 그 이름을 믿는 자들에게는 하나님의 자녀가 되는 권세를 주셨으니 (요 1:12)

예수 그리스도를 영접하고 그 이름을 믿는 자는 하나님의 자녀가 됩니다. 하나님을 아바 아버지라 부르며 죄 용서와 회복의 은혜를 받아 누릴 수 있습니다. 예수 그리스도 외에는 하나님의 자녀가 되는 권세, 하나님께로 나아가는 은혜를 얻지 못합니다. 오직 그리스도만이 우리를 이 죄와 사망의 고통에서 건져내실 수 있습니다.

**오직 예수, 유일한 죄 사함의 길**

하나님의 원수였던 우리를 다시 하나님의 자녀로 회복시키고자 예수님께서 하신 일이 있습니다. 바로 우리의 죗값을 대신 치르신 것입니다. 누군가가 저지른 죄의 대가는 죄를 저지른 당사자가 감당해야 합니다. 또한 그 죄가 하나님을 향한 것이라면(우리의 모든 죄는 결국 하나님을 향합니다), 그에 대한 대가는 하나님의 기준을 만족시켜야 할 것입니다. 하지만 우리는 결코 그 기준을 만족시킬 수 없습니다. 하나님을 영원하고 완전하게 만족시킬 수 있는 존재는 오직 하나님뿐이십니다. 영원하시고 완전하신 하나님의 기준은 이 세상 그 누구도, 어떤 존재도 충족시킬 수 없습니다.

그러므로 우리의 죄를 대신할 존재는, 그 죄의 당사자이자 책임을 져야 할 사람이어야 하고, 동시에 그 죄를 실제로 사할 능력과 그 죄의 가치에 대한 무한한 희생을 드릴 수 있는 완전한 존재, 즉 하나님이셔야 합니다. 반인반신이 아닙니다. 동시에 그러한 존재만으로도 안됩니다. 그러한 존재이면서 동시에 우리를 사랑하는 분이어야 합니다. 그 모든 심판의 저주와 고통, 모욕과 비참함을 대신 감당할 만큼 우리를 사랑하는 존재여야 합니다.

그런 분이 계십니다. 완전한 하나님으로서 완전한 사람이 되시고 자신의 모든 것, 심지어 목숨까지도 버릴 만큼 우리를 사랑하시는 분이 계십니다. 바로 예수님이십니다. 그가 우리 대신 십자가에 달려 우리의 죗값을 치러 주셨습니다.

죄인을 구원하시는 하나님의 사랑이 예수님을 통해 이루어진 것입니다. 하나님께서는

1) 시 45:7; 사 61:1; 눅 3:21-22; 4:18; 행 10:38; 히 1:9. 2) 신 18:15; 사 55:4; 미 11:27; 요 1:18; 15:15; 행 3:22; 엡 1:9-10; 골 1:26-27. 3) 시 110:4; 히 7:21; 9:12, 14, 28; 10:12, 14. 4) 롬 8:34; 히 7:25; 9:24; 요일 2:1. 5) 시 2:6; 슥 9:9; 마 21:5; 28:18; 눅 1:33; 요 10:28; 계 12:10-11.

▸ **32문답**

문: 그런데 당신은 왜 그리스도인이라고 불립니까?[1]

답: 왜냐하면 제가 믿음으로 그리스도의 지체가 되어 그리스도의 기름 부음에 참여하기 때문입니다.[2] 그럼으로써 저는 선지자로서 그리스도의 이름을 고백하고,[3] 제사장으로서 저 자신을 감사의 산 제물로 그리스도께 드리며,[4] 왕으로서 이 세상에서 사는 동안 자유롭고 선한 양심으로 죄와 마귀에 대항하여 싸우고,[5] 이후로는 영원히 그리스도와 함께 모든 피조물을 다스릴 것입니다.[6]

1) 행 11:26. 2) 사 59:21; 욜 2:28; 행 2:17; 고전 6:15; 12:13; 요일 2:27. 3) 마 10:32-33; 롬 10:10; 히 13:15. 4) 출 19:6; 롬 12:1; 벧전 2:5; 계 1:6; 5:8, 10.

자기 아들에게 죄인을 대신하여 십자가를 지게 하셨습니다. 예수님은 그 뜻에 순종하셨습니다. 십자가에서 우리를 대신해 죽으셨습니다. 하나님의 아들이신 그가, 하나님의 원수인 우리를 다시금 하나님의 자녀로 삼고자 그 십자가를 지셨습니다. 그것이 하나님의 사랑입니다. 20세기 복음주의를 대표하는 신학자 존 스토트는, 그래서 이 십자가를 '복음의 심장'이라고 불렀습니다.

## 죄와 은혜

오늘날 '오직 그리스도만을 믿는 믿음'이 흔들리고 있습니다. 다소 의아하실지도 모르겠습니다. 곳곳에 교회가 이렇게 많고, 과거와 같이 예수님을 믿는다고 어떤 박해나 핍박을 받지 않는 현실인데도 말이죠. 과거 이스라엘이 영적으로 타락하고 무너질 때에도 성전의 제사는 끊이질 않았고 그 일을 감당하는 수많은 성직자(제사장과 레위인)들이 있었음을 우리는 잊지 말아야겠습니다.

'오직 그리스도만을 믿는 믿음'이 흔들리는 것은, 교회 건물이 무너지거나 교인들의 수가

---

5) 롬 6:12-13; 갈 5:16-17; 엡 6:11; 딤전 1:18-19; 벧전 2:9, 11. 6) 딤후 2:12; 계 22:5.

**웨스트민스터 대교리문답**

▸ **36문답**

문: 은혜 언약의 중보자는 누구입니까?

답: 은혜 언약의 유일한 중보자는 주 예수 그리스도이십니다.[1] 그리스도는 하나님의 영원하신 아들이시며, 성부 하나님과 본질이 같고 동등하십니다.[2] 그리스도는 때가 찼을 때 사람이 되셔서[3] 그때부터 계속해서 영원토록, 한 위 person에 구별된 두 본성을 가지신 하나님이시면서 사람이십니다.[4]

1) 딤전 2:5. 2) 요 1:1, 14; 요 10:30; 빌 2:6. 3) 갈 4:4. 4) 눅 1:35; 롬 9:5; 골 2:9; 히 7:24-25.

▸ **37문답**

문: 하나님의 아들이신 그리스도는 어떻게 사람이 되셨습니까?

줄어들고 있기 때문이 아닙니다. '죄'의 문제가 다루어지지 않기 때문이며 이를 대수롭지 않게 여기기 때문입니다. 지금이 그러한 시대입니다. 오늘날 많은 교회가 '죄'를 말하지 않습니다. 죄라는 말 대신 '실수', '질병', '넘어짐' 같은 단어들로 순화합니다. 죄를 심판하시는 하나님의 진노와, 죄를 용서받지 못하는 자가 영원히 받아야 할 심판인 지옥도 잘 언급하지 않습니다. 사람들의 마음에 불편함을 주지 않으려 합니다. 그러나 성경은 분명히 우리의 죄를 지적합니다. 우리의 죄가 얼마나 끔찍한지 알려주고, 하나님께서 죄를 미워하셔서 진노하시며 심판하신다는 사실도 알려줍니다. 하나님께서 말씀하시니 우리도 말해야 합니다.

루터는 구원받은 신자의 상태를 가리켜 '의인인 동시에 죄인'(simul justus et peccator)이라고 말했습니다. 예수 그리스도를 믿어 구원을 받았으니 우리는 의인입니다. 누구도 이 사실을 흔들거나 취소할 수 없습니다. 그러나 육체를 입고 이 땅을 사는 한 우리는 계속해서 죄를 짓습니다. 그러므로 구원받은 신자

답: 하나님의 아들이신 그리스도는 참 몸과 이성적인 영혼을 취하셔서 사람이 되셨으며,[1] 성령의 권능으로 동정녀 마리아의 복중에서 잉태되어, 마리아의 형질을 가지고 그 몸에서 나셨으나[2] 죄는 없으십니다.[3]

1) 요 1:14; 마 26:38. 2) 눅 1:27, 31, 35, 42; 갈 4:4. 3) 히 4:15; 히 7:26.

▶ **38문답**

문: 중보자는 왜 하나님이셔야 했습니까?

답: 중보자가 하나님이셔야 했던 이유는, 하나님의 무한한 진노와 사망 권세 아래로 빠지지 않도록 자신의 인성을 지키고 유지하기 위해,[1] 자신의 고난과 순종과 간구가 가치 있고 효과 있게 하시기 위해,[2] 하나님의 공의를 만족시키시기 위해,[3] 하나님의 은혜를 얻으시기 위해,[4] 자기 백성을 값 주고 사시기 위해,[5] 자기 백성에게 자신의 성령을 주시기 위해,[6] 자기 백성의 모든 적을 정복하시기 위해,[7] 자기 백성을 영원히 구원하시기 위해서입니다.[8]

1) 행 2:24-25; 롬 1:4;

롬 4:25; 히 9:14. 2) 행 20:28; 히 9:14; 히 7:25-28. 3) 롬 3:24-26. 4) 엡 1:6; 마 3:17. 5) 딛 2:13, 14. 6) 갈 4:6. 7) 눅 1:68-69, 71, 74. 8) 히 5:8-9; 히 9:11-15.

▸ **39문답**

문: 중보자는 왜 사람이셔야 했습니까?

답: 중보자가 사람이셔야 했던 이유는, 우리의 본성을 향상시키기 위해,[1] 율법에 순종하시기 위해,[2] 우리의 본성 안에서 우리를 위해 고난을 받고 간구하시며,[3] 우리의 연약함을 동정하시기 위해,[4] 그리하여 우리가 양자가 되고[5] 위로를 받으며 은혜의 보좌 앞에 담대히 나아갈 수 있게 하시기 위해서입니다.[6]

1) 히 2:16. 2) 갈 4:4. 3) 히 2:14; 히 7:24-25. 4) 히 4:15. 5) 갈 4:5. 6) 히 4:16.

▸ **40문답**

문: 중보자는 왜 한 위 person 안에서 하나님이시면서 사람이셔야 했습니까?

답: 하나님과 사람을 화

는 그 은혜에 감사하며 흔들리지 않는 구원의 확신을 지녀야 함과 동시에, 항상 주의 말씀에 불순종하고 범죄 한 자신의 죄를 눈물로 회개해야 합니다. 죄를 용서해 주시며 새롭게 하시는 예수 그리스도를 더욱 의지해야 하고, 그의 십자가를 더욱 붙들어야 합니다.

죄를 이야기하지 않으면, 죄에 대해 무관심해지고 점점 죄를 대수롭지 않게 여기다가, 어느 시점에 이르러서는 죄를 우리 자신이 해결할 수 있는 문제 정도로 생각해 버립니다. 결국 우리 죄를 용서하시는 예수 그리스도와 그 죄 사함의 절정인 십자가가 우리에게서 자연스럽게 희미해지고 멀어지게 되는, 그러다 마침내 믿음이 무너져버리는 상황에까지 이르게 됩니다.

아무리 십자가를 화려하고 거대하게 세워도, 아무리 예수님의 이름을 외치고 노래해도, 정작 죄의 문제에 대해서 무관심하고, 죄를 용서하시는 주님을 기억하고 의지하지 않는다면, '오직 그리스도'의 믿음은 흔들려 무너지고 맙니다.

그렇게 '오직 그리스도를 믿는 믿음'이 무

너지게 되면 그 자리를 '자기 의'가 채웁니다. 죄에 무관심해지면 두 가지 현상이 나타나는데, 하나는 타인의 죄에 민감해지는 것이고, 다른 하나는 이 세상의 불의와 악에 과도하게 반응하는 것입니다. 자기가 죄인임을 인정하는 것보다, 다른 사람과 세상의 악을 지적하고 정죄하는 것이 더 의롭게 보이기 때문입니다. 자기 죄를 인정하고 회개하면, 예수 그리스도의 의를 의지하게 됩니다. 그러나 너무 과하게 타인과 세상의 악에 대해 분노하고 거기에 몸과 마음을 쏟게 되면, 자기만을 의롭다 여기게 됩니다. 예수 그리스도는 사라지고, 십자가는 지워지며, 자기 자신만 남게 되는 것입니다.

나의 실체는 오직 그리스도만을 믿는 믿음 안에서 깨닫게 됩니다. 내가 얼마나 악한 죄인인지, 얼마나 하나님의 심판을 받기에 당연한지를 알게 됩니다. 나의 약함도 알게 됩니다. 나의 비참함과 고통의 실체를 마주하게 됩니다. 그리고 그때에야 비로소 주를 의지하고 주께서 주시는 구원과 회복을 경험하게 됩니다.

목하게 할 중보자가 한 위 person 안에서 하나님이시면서 사람이셔야 하는 이유는, 중보자의 신성과 인성의 각 고유의 일이 위 person 전체의 일로써, 우리를 위해 하나님께서 받으시는 바가 되어야 하며,[1] 우리가 의지하는 바가 되어야 하기 때문입니다.[2]

1) 마 1:21, 23; 마 3:17; 히 9:14. 2) 벧전 2:6.

▸ 41문답

문: 우리의 중보자를 왜 예수라고 부릅니까?

답: 우리의 중보자를 예수라고 부르는 것은 그가 자기 백성을 그들의 죄에서 구원할 자이시기 때문입니다.[1]

1) 마 1:21.

▸ 42문답

문: 우리의 중보자를 왜 그리스도라고 부릅니까?
답: 우리의 중보자를 그리스도라고 부르는 것은, 성령으로 한량없이 기름부음을 받으심으로[1] 거룩히 구별되시고, 자신의 낮아지심과 높아지심 모두에서 자신의 교회를 위해 선

지자와[3] 제사장과[4] 왕의[5] 직분을 행하시기 위해 모든 권세와 능력을 충만히 받으셨기 때문입니다.[2]

1) 요 3:34; 시 45:7.  2) 요 6:27; 마 28:18-20.  3) 행 3:21-22; 눅 4:18, 21.  4) 히 5:5-7; 히 4:14-15.  5) 시 2:6; 마 21:5; 사 9:6-7; 빌 2:8-11.

중세 교회는 이 믿음을 잃어버렸고, 종교개혁은 이 잃어버린 믿음을 다시 찾으려는 생명을 건 몸부림이었습니다. 그렇게 지켜낸 이 믿음이 여전히 공격받고 있습니다. 많은 신자들이 예수님이 아닌 세상이 우리의 인생을 결정할 것처럼 믿고 삽니다. 권력과 부와 영향력을 실로 성실히 추구합니다. 예수의 이름으로 죄 사함받기보다, 예수의 이름으로 잘 살기를 원합니다.

우리의 죄짐을 대신 지시고, 우리를 사랑하사 자기 몸을 기꺼이 버리신 예수 그리스도를 바라봅시다. 우리의 고통과 슬픔을 직접 겪으셨기에 어느 누구보다 우리의 아픔을 잘 아시는 그 분만을 바라봅시다. 그 분만이 영원하고 완전하며 충분한 하나님의 능력으로 저와 여러분을 구원하십니다. 예수 그리스도만이 이 사랑과 능력으로 우리의 주와 구주가 되십니다.

성경과 신앙고백으로 만나는 종교개혁 신앙

✚ 요 5:1-9

"그 후에 유대인의 명절이 되어 예수께서 예루살렘에 올라가시니라. 예루살렘에 있는 양문 곁에 히브리 말로 베데스다라 하는 못이 있는데 거기 행각 다섯이 있고, 그 안에 많은 병자, 맹인, 다리 저는 사람, 혈기 마른 사람들이 누워 [물의 움직임을 기다리니, 이는 천사가 가끔 못에 내려와 물을 움직이게 하는데 움직인 후에 먼저 들어가는 자는 어떤 병에 걸렸든지 낫게 됨이러라. 거기 서른 여덟 해 된 병자가 있더라. 예수께서 그 누운 것을 보시고 병이 벌써 오래된 줄 아시고 이르시되 네가 낫고자 하느냐. 병자가 대답하되 주여 물이 움직일 때에 나를 못에 넣어 주는 사람이 없어 내가 가는 동안에 다른 사람이 먼저 내려가나이다. 예수께서 이르시되 일어나 네 자리를 들고 걸어가라 하시니, 그 사람이 곧 나아서 자리를 들고 걸어가니라 이 날은 안식일이니"

# 오직 은혜

**5 SOLA 3**

'우리는 무엇을 믿는가?', '기독교 신앙의 내용은 무엇이고, 그 정체성과 본질은 무엇인가?'라는 질문에 우리 믿음의 선배들은 '다섯 오직'으로 대답했습니다.

"우리는 무엇을 믿는가?"
기독교의 본질은 무엇인가?

오직 성경 (Sola Scriptura)   오직 그리스도 (Solus Christus)   오직 은혜 (Sola Gratia)
오직 믿음 (Sola Fide)   오직 하나님께 영광 (Soli Deo Gloria)

하나님의 사랑, 예수 그리스도의 복음, 성령의 역사

---

**하이델베르크 교리문답**

▶ 8문답

문: 그렇다면 우리가 너무나 부패하여 선은 조금도 행할 수 없으며, 온갖 악만 행하고자 한다는 말입니까?

답. 참으로 그렇습니다.[1] 우리가 하나님의 성령으로 거듭나지 않는 한 그렇습니다.[2]

1) 창 6:5; 8:21; 욥 14:4; 사 53:6; 딛 3:3. 2) 요 3:3, 5; 고전 12:3; 고후 3:5.

## 다섯 오직(5 SOLA)

이 다섯 오직은, 구약시대부터 오늘에 이르기까지 하나님께서 베푸시고, 또 주의 백성들이 믿어 구원에 이른 기독교의 본질, 곧 하나님의 사랑과 예수 그리스도의 복음과 성령의 역사를 우리에게 알려 줍니다. 그러므로 이 '다섯 오직'을 아는 것은 우리의 믿음과 신앙과 기독교의 복음이 무엇인지를 아는 것입니다.

먼저는 '오직 성경'입니다. 하나님께서는 복음의 진리를 성경으로 알려주셨습니다. 우리 역시 성경을 통해서만이 우리의 신앙과 구원의 모든 내용, 그 본질과 유익을 알고 얻을 수 있습니다.

그 믿음의 본질은 죄인을 위하여 베푸신 하나님의 사랑입니다. 그 사랑은 '오직 예수 그리스도'만이 이루시며 오직 예수 그리스도 안에서 완전하고 충만합니다. 오직 예수 그리스도만이 우리에게 참된 구원을 주십니다.

예수 그리스도에게 있는 그 하나님의 사랑은 '오직 은혜'로만 받을 수 있습니다. 인간의 공로나 다른 어떤 조건, 대리자가 있을 수 없습니다.

---

▸ 21문답

문: 참된 믿음이란 무엇입니까?

답: 참된 믿음은 하나님께서 그분의 말씀에서 우리에게 계시하신 모든 것을 진리로 받아들이는 확실한 지식이며,[1] 동시에 성령께서[2] 복음을 통해[3] 제 마음속에 일으키시는 굳은 확신입니다.[4] 이 확신은 순전히 은혜로, 오직 그리스도의 공로 덕분에 하나님께서 죄 사함과 영원한 의로움과 구원을[5] 다른 사람뿐만 아니라 저에게도 값없이 주심을[6] 믿는 것입니다.[7]

1) 요 17:3; 롬 4:20-21; 히 11:1, 3; 약 1:6. 2) 마 16:17; 요 3:5; 행 16:14; 고후 4:13; 빌 1:19. 3) 막 16:15; 행 10:44; 16:14; 롬 1:16; 10:17; 고전 1:21. 4) 시 9:10; 롬 4:16-21; 5:1; 10:10; 엡 3:12; 히 4:16. 5) 눅 1:77-78; 요 20:31; 행 10:43; 롬 3:24; 5:19; 갈 2:16; 엡 2:8; 히 10:10. 6) 딤후 4:8. 7) 합 2:4; 롬 1:17; 갈 3:11; 히 10:38.

▸ 60문답

문: 당신은 하나님 앞에서 어떻게 의롭게 될 수 있습니까?

하나님께서 주시고, 오직 예수 그리스도 안에만 충만한 그 하나님의 사랑은 오직 은혜로만 받을 수 있고, 그 은혜를 우리에게 주시는 통로, 유일한 길은 '오직 믿음'입니다.

오직 믿음으로, 이 은혜와 사랑을 받은 자는, 하나님께서 주시는 영원한 생명을 얻어 이제 새로운 삶을 살게 되는데, 그 새로운 삶은 '오직 하나님의 영광'을 위한 삶입니다.

이렇게 다섯 오직이 우리의 신앙, 즉 우리가 믿는 바와 하나님께서 우리에게 베푸신 그 사랑과 구원을 설명해 줍니다. 이번 장에선 세 번째 오직, '오직 은혜'를 살펴 보겠습니다.

## 하나님의 일하심, 은혜의 본질

우리는 '은혜받았다'라는 말을 자주 하는데, 특히 감동을 받을 때 자주 사용합니다. 심지어 텔레비전 예능 프로그램에도 '은혜받았다'라는 자막이 종종 등장합니다. 그 내용과 성격, 받은 감동의 뉘앙스는 조금 다를 수 있지만, 신앙뿐만 아니라 영화나 음악, 공연 등과 같은 다양한 영역에서 '은혜'라는 표현은 실로

답 오직 예수 그리스도를 참되게 믿으므로 의롭게 됩니다.[1] 비록 제가 하나님의 모든 계명을 크게 어겼고, 단 하나도 지키지 않았으며,[2] 여전히 악을 향해 달음박질하는 성향이 있다고[3] 제 양심이 저를 고소하지만, 하나님께서는 제가 세운 공로가 전혀 없음에도, 순전히 은혜로,[4] 그리스도께서 이루신 완전한 속죄와 그분의 의로우심과 거룩하심을 저의 것으로 여겨주십니다.[5] 심지어 하나님께서는 제가 죄지은 적이 없는 것처럼, 이뿐만 아니라 그리스도께서 저를 위해 성취하신 모든 순종을 제가 온전히 행한 것처럼 여겨주십니다.[6] 저는 다만 믿는 마음으로만 이 은혜를 받습니다.[7]

1)' 롬 3:21-26; 5:1-2; 갈 2:16; 엡 2:8-9; 빌 3:9. 2) 롬 3:9-12; 약 2:10-11. 3) 롬 7:23. 4) 신 9:6; 겔 36:22; 롬 3:24; 엡 2:8; 딛 3:5. 5) 롬 4:24-25; 고후 5:21; 요일 2:1-2. 6) 롬 4:4-8; 고후 5:19. 7) 요 3:18; 롬 3:22.

▸ **86문답**

문: 우리가 우리의 공로는 조금도 없이 그리스도로 말미암아 오직 은혜로 우

리의 비참함에서 구원을 받았는데, 우리는 왜 여전히 선행을 해야 합니까?

답: 그리스도께서 그분의 보혈로 우리를 구속하셨을 뿐만 아니라 그분의 성령으로 우리를 새롭게 하여 그분의 형상을 닮게 하시므로, 우리가 우리의 삶 전체를 통해 하나님께서 베풀어 주신 복에 대해 감사하고,[1] 우리를 통해 하나님께서 찬양받으시게 하며,[2] 우리 각 사람이 믿음의 열매로 우리 믿음에 더한 확신을 얻고,[3] 또한 우리의 경건한 삶으로 다른 사람들을 그리스도께 인도하기 위해서입니다.[4]

1) 롬 6:13; 12:1-2; 엡 2:10; 벧전 2:5, 9.  2) 마 5:16; 고전 6:19-20; 벧전 2:12.  3) 마 7:17-18; 갈 5:6, 22-23; 벧후 1:10.  4) 마 5:16; 롬 14:18-19; 벧전 3:1-2.

**웨스트민스터 대교리문답**

▸ 30문답

문: 하나님께서는 온 인류를 죄와 비참의 상태에서 멸망하도록 버려두셨습니까?

다양하게 존재합니다. 감동은 일면 감정의 영역이기에, 여느 감정들과 마찬가지로 강렬하게 타오르다 이내 식어버리기도 합니다. 때로는 예전에 크게 느꼈던 어떤 감동이 이번에는 별로 크게 느껴지지 않을 때도 있습니다.

'마음의 감동'이 하나님께서 주시는 '은혜'의 한 모습인 것은 분명합니다. 그러나 감동 그 자체가 은혜의 본질, 은혜의 전부는 아닙니다. 오히려 감동만을 은혜로 여길 때, 진짜 은혜를 놓치거나 은혜의 본질을 오해하기 쉽습니다. 은혜는 하나님께서 주시는 것이기에 하나님의 성품과 속성을 드러냅니다. 그래서 상황과 환경에 따라 이리저리 변하거나, 나타나고 사라지거나 하지 않습니다. 은혜는 영원하고 완전하며 변함 없는 것입니다.

'은혜'는 '우리의 경험'보다는, '하나님의 일하심'입니다. 그래서 우리가 은혜를 받지만, 정확히는 하나님께서 은혜를 베푸시는 것입니다. 은혜는 하나님께서 예수 그리스도 안에서 우리를 위하여 성령으로 행하신 모든 일, 즉 삼위 하나님의 사랑과 일하심입니다. 이것이 은혜의 본질입니다.

그러므로 '참된 은혜'를 알기 위해, 정말로 '은혜를 받기 위해'서는 하나님의 일하심을 알아야 합니다. 하나님께서 우리를 위해 무슨 일을 하셨는지, 그리고 우리가 그 하나님의 일하심을 통해 어떤 유익을 얻었는지, 그것을 깨닫고 믿고 경험할 때 비로소 참된 은혜를 누리게 됩니다. 따라서 우리는 하나님을 올바로 알고, 그 하나님을 경험하며 누릴 때에야 비로소 '은혜받았다'라고 말할 수 있는 것입니다.

## 베데스다, 우리의 현실

요한복음 5장에서 우리는 은혜에 대한 오해로 인해, 은혜가 아닌 고통 속에 허우적거리는 사람들을 볼 수 있습니다. 이 이야기의 배경이 되는 베데스다 연못에는 많은 환자들이 모여 있었고, 그중 38년 된 병자 한 사람이 있었습니다. 당시의 평균수명을 생각한다면 그는 평생 불치병으로 고통받은 셈입니다. 그의 고통은 육체의 질병만이 아니었습니다. 가족, 친구 어느 누구도 그와 함께 하며 그를 돌보지 않았습니다. 그는 비참하고 고통스러

답: 하나님께서는, 일반적으로 행위 언약이라고 하는 첫 언약을 깨뜨려[2] 죄와 비참에 빠진 모든 사람을, 멸망하도록 버려두지 않으십니다.[1] 하나님의 순전한 사랑과 자비로 자신이 택하신 자들을 죄와 비참의 상태에서 건져내셔서, 일반적으로 은혜 언약이라고 하는 두 번째 언약으로, 택하신 자들이 구원을 받게 하십니다.[3]

1) 살전 5:9.  2) 갈 3:10, 12.  3) 딛 3:4-7; 갈 3:21; 롬 3 20-22.

▸ 31문답

문: 은혜 언약은 누구와 맺으신 것입니까?

답: 은혜 언약은 두 번째 다담이신 그리스도와, 그리스도 안에서 그리스도의 씨로 택함 받은 모든 사람과 맺으신 것입니다.[1]

1) 갈 3:16; 롬 5:15-21; 사 53:10-11.

▸ 32문답

문: 하나님의 은혜가 두 번째 언약에 어떻게 나타났습니까?

답: 하나님의 은혜는 두 번째 언약에서 다음과 같이 나타났습니다. 하나님께서는 죄인들을 위해 한 중보자를 값없이 예비하시고 주시는데,[1] 중보자로 말미암아 죄인들이 생명과 구원을 받게 하십니다.[2] 그리고 죄인들이 중보자와 관계를 맺을 수 있도록 믿음을 요구하시는데,[3] 하나님께서 택하신 모든 사람에게 성령을[4] 약속하시고 주셔서 그들로 믿게 하시며,[5] 그들에게 다른 모든 구원의 은혜도 베풀어 주십니다.[6] 또 택함 받은 사람들이 모든 일에 거룩하게 순종할 수 있게 하십니다.[7] 이러한 순종은 하나님께 대한 그들의 믿음과[8] 감사가[9] 진실하다는 증거이며, 하나님께서 택하신 자들을 구원하기 위해 정하신 방법입니다.[10]

1) 창 3:15; 사 42:6; 요 6:27. 2) 요1 5:11-12. 3) 요 3:16; 요 1:12. 4) 잠 1:23. 5) 고후 4:13. 6) 갈 5:22-23. 7) 겔 36:27. 8) 약 2:18, 22. 9) 고후 5:14-15. 10) 엡 2:18.

▸ 33문답

문: 은혜 언약은 항상 꼭 같은 방법으로 시행됐습니까?

우며, 궁핍하고 외로운 삶을 살았습니다.

그의 주변에 있던 사람들 역시 마찬가지입니다. 그와 비슷한 고통을 겪는 사람들이 주변에 많았습니다. 고통 가운데 서로 격려하고 위로하면 좋겠지만, 그들은 서로 경쟁해야 했습니다. "천사가 물을 움직일 때 가장 먼저 들어가는 사람이 고침을 받는다"(요 5:4)는 말은 아마도 못에서 지하수가 올라오는 모습을 보고 만들어진 전설이나 미신이었을 가능성이 있습니다. 그러나 사람들은 이 전설을 기대하며 믿었고, 그 믿음이 크면 클수록 그들 사이에 경쟁과 갈등은 더 강해졌을 것입니다. 자연스레 경쟁에서 밀린 사람은 실망과 패배감으로 더욱 고통스러웠을 것이고요. 더욱이 미신은 미신일 뿐입니다. 미신에 대한 믿음은 강하면 강할수록 실망과 절망만 키울 뿐입니다. 치료를 간구하지만 치료받지 못하는 실패한 현실은 그들에게 고통을 더할 뿐이었습니다.

그곳의 이름은 '베데스다', 즉 '은혜의 집'이었습니다. 그곳에 모여든 사람들은 모두 자신의 고통을 해결해 줄 자비와 은혜를 간구했지만 아무도 그 은혜를 경험하지 못했습니다. 미신으로 절망하고, 경쟁으로 갈등하며 전혀 은혜롭지 않은 현실을 살아야 했습니다.

보아 하니 이곳은 마치 우리가 살아가고 있는 현실의 축소판 같습니다. 우리도 저마다 고통과 슬픔을 가지고 살아갑니다. 모두가 '은혜'를 간구합니다. 상황이 개선되고, 형편이 나아지기를 간절히 소망합니다. 그러나 우리 역시 은혜를 구하지만 은혜를 얻지 못합니다. 어느 누구 하나 위로해 주고 도와주는 사람 없이 저마다의 목적을 달성하기 위해 무한히 경쟁합니다. 그 경쟁에서 뒤처진 사람은 패배자라는 낙인이 찍힌 채 더 깊은 수렁에 빠집니다. 저마다 해결책을 제시하지만, 그 어느 것도 우리의 삶에 궁극적인 답을 주지 못합니다. 우리가 사는 현실도 거짓에 속아 진리를 잃어버리고, 사랑 없는 경쟁 속에 서로 미워하며 고통을 더해가고 있을 뿐입니다.

### 그들이(우리가) 원했던 은혜

베데스다 못 주변에 있던 사람들이 바라고 원한 은혜는 '병고침'이었습니다. 그런데 그

답: 은혜 언약이 항상 꼭 같은 방법으로 시행된 것은 아닙니다. 은혜 언약은 구약시대와 신약시대에 서로 다르게 시행됐습니다.[1]

1) 고후 3:6-9.

▶ 34문답

문: 구약시대에 은혜 언약은 어떻게 시행됐습니까?

답: 구약시대에 은혜 언약은 약속들,[1] 예언들,[2] 제사들,[3] 할례,[4] 유월절[5] 그리고 다른 예표들과 의식들로 시행되었는데, 이 모든 것은 오실 그리스도를 미리 보여주는 것으로 구약시대의 택함 받은 사람들이 약속된 메시아를 믿기에 충분했습니다.[6] 구약시대의 택함 받은 사람들은 약속된 메시아를 믿음으로 말미암아 완전한 죄 사함과 영원한 구원을 받았습니다.[7]

1) 롬 15:8. 2) 행 3:20, 24. 3) 히 10:1. 4) 롬 4:11. 5) 고전 5:7. 6) 히 8-10; 히 11:13. 7) 갈 3:7-9, 14.

▶ 35문답

문: 신약시대에 은혜 언약은 어떻게 시행됐습니까?

답: 같은 은혜 언약이 신약시대에는 실체이신 그리스도께서 나타나심으로 말씀을 전파하는 일,[1] 그리고 성례인 세례와[2] 성찬으로[3] 시행됐으며 지금도 시행되어야 합니다. 이러한 시행으로 은혜와 구원은 모든 민족에게 더 충단하고, 분명하고, 효과적으로 베풀어집니다.[4]

1) 막 16:15.  2) 마 28:19, 20.  3) 고전 11:23-25.  4) 고후 3:6-18; 히 8:6, 10-11; ㅁ·28:19.

▶ 67문답

문: 효과적인 부르심이란 무엇입니까?

답: 효과적인 부르심이란 하나님께서 하나님의 전능하신 능력과 은혜로 이루시는 일입니다.[1] (이것은 택함 받은 사람들에게 하나님께서 그들을 택하시도록 하나님의 마음을 움직이게 할 무엇이 있어서가 아니라, 전적으로 하나님의 자유롭고 특별한 사랑 때문에 일어납니다.[2] 이 효과적인 부르심으로 하나님께서는 택함 받은 사람들을 그가 기뻐하시는 때에 말씀과 성령으로[3] 예수 그리스도께 초청하여 이끄시고, 그들

들이 실제로 원하고 필요했던 것은, 그 병고침을 받기 위해 자신을 물속으로 옮겨줄 '도움'이었습니다. 예수님께서 38년 된 병자에게 "네가 낫고자 하느냐?"(요 5:6)라고 질문하십니다. 정말로 병고침을 원했다면 그는 '네, 저의 병이 너무 고통스럽습니다. 저를 고쳐주십시오'라고 답해야 했습니다.

그런데 그는 "물이 움직일 때 나를 가장 먼저 못에 넣어주는 사람이 없습니다"(7)라고 답합니다. '병의 고통'보다 '도와줄 사람이 없는 현실'을 더 안타까워합니다. '병고침'이 아닌 '병을 고치기 위한 수단'을 더 간구하는 듯 보입니다. 원하는 것을 가질 수 있도록 돕는 방법을 찾고 있던 것입니다.

이것이 38년 된 병자와 그곳에 있던 사람들이 기대하고 소망한 은혜였습니다. 병고침이 아닌, 병고침을 받도록 못으로 데려다 줄 손길을 기다렸던 것이죠. 구원이 아닌, 구원을 얻도록 도와줄 손길을 은혜라고 여기며 기대했던 것입니다. 그들은 진짜 '은혜'가 아닌 '은혜를 얻을 수 있는 방법'을 은혜라 여겨왔던 것입니다. 그들 중 누구도 충분한 도움을

얻지 못했고 병고침도 받지 못했습니다. 끊임없이 실패하고 좌절을 반복할 뿐이었습니다.

이것은 '은혜'가 아닙니다. 조건을 갖추고 능력이 충분한 사람은 얻지만, 자격 미달에 능력이 모자란 사람은 얻을 수 없는 것이 은혜일 수 없습니다. 그건 '성취' 혹은 '쟁취'일 뿐입니다. 지금 베데스다에 그만한 능력을 갖춘 사람은 아무도 없었습니다. 하여 그들은 아무도 은혜를 받지 못했습니다. 38년 된 병자의 대답은 거기 있는 모두의 대답이었습니다. 베데스다라는 이름의 뜻은 '은혜의 집'이었지만, 실제로는 '절망의 집'이었습니다. 허황된 미신과 무의미한 경쟁으로 인해 좌절과 절망만이 그곳을 채우고 있을 뿐이었습니다.

## 주님이 주시는 진짜 은혜

주님께서 38년 된 병자에게 던지신 질문은 그가 겪고 있는 문제와 고통의 본질에 대한 것이었습니다. 이후 주님께서는 "일어나 들고 걸어가라"(8)라고 선언하셨습니다. 일어나 걷기 위한 무언가를 주신 것이 아니라, '일어나 걷는 것' 그 자체를 주신 것입니다.

의 지성을 구원에 이르도록 밝히시며,[4] 그들의 의지를 새롭게 하시고 굳게 결심하게 하셔서,[5] 그들이 (비록 죄 가운데 죽어 있지만;) 하나님의 부르심에 기꺼이 그리고 자유롭게 응답하게 하시고, 그 부르심을 통해 제공되고 전달되는 은혜를 받아들이고 마음에 두게 하십니다.[6]

1', 요 5:25; 엡 1:18-20; 딤후 1:8-9. 2) 딛 3:4-5; 엡 2:4-5, 7-9; 롬 9:11. 3) 고후 5:20; 고후 6:1-2; 요 6:44; 살후 2:13-14. 4) 행 26:18; 고전 2:10, 12. 5) 겔 11:19; 겔 36:26-27; 요 6:45. 6) 엡 2:5; 빌 2:13; 신 30:6.

* '효과적인 부르심'은 다른 말로 '유효한 부르심', '효력 있는 부르심' 등으로 표현합니다.

▶ 71문답

문: 칭의가 어떻게 하나님께서 값없이 주시는 은혜의 행위입니까?

답: 비록 그리스도께서는 의롭다 함을 받을 사람들을 대신하여 자신의 순종과 죽으심으로 하나님의 공의에 대해 적절하고 실제적이며 충분한 만족을 드리셨지만[1] 하나님께서

는 사람들에게 요구될 보증으로부터 만족을 받으셔야 했습니다. 하나님께서 이 보증으로 자신의 아들이신 그리스도를 주시고,[2] 그리스도의 의를 그들에게 전가하셨습니다.[3] 그리고 그들을 의롭다 하실 때에 믿음 외에는 아무것도 요구하지 않으시는데,[4] 이 믿음 또한 하나님의 선물이므로[5] 그들이 의롭다 함을 받는 것은 하나님께서 그들에게 값없이 주시는 은혜입니다.[6]

1) 롬 5:8-10, 19. 2) 딤전 2:5-6; 히 10:10; 마 20:28; 단 9:24, 26; 사 53:4-6, 10-12; 히 7:22; 롬 8:32; 벧전 1:18-19. 3) 고후 5:21. 4) 롬 3:24-25. 5) 엡 2:8. 6) 엡 1:7.

▸ 72문답

문: 의롭게 하는 믿음은 무엇입니까?

답: 의롭게 하는 믿음은 성령과[2] 하나님의 말씀으로 말미암아[3] 죄인의 마음속에서 일어나는 구원의 은혜입니다.[1] 이 구원의 은혜로 말미암아 죄인은 자기 죄와 비참을, 그리고 자신과 다른 피조물들에게는 잃어버린 바 된 상태에서 스스로 회복할 수 있는

그의 고통의 원인은 '그를 옮겨줄 사람이 없는 것'이 아니라, 그를 평생 괴롭힌 불치병이었습니다. 그가 믿어야 할 것은 아무도 효과를 본 적 없는 베데스다의 허황된 전설이 아니라, 그에게 생명을 주시는 분, 그의 고통과 괴로움을 고쳐 주시는 분이어야 했습니다. 그가 받아야 할 은혜는 아무 유익도 주지 못하는 베데스다의 헛된 소망이 아니라, 그의 질병을 반드시 고쳐주시는 주님의 치유 그 자체여야 했습니다. 그에게 필요한 것은 '구원을 얻기 위한 그 무엇'이 아닌 '구원' 그 자체여야 합니다.

은혜란 반드시 필요하지만 결코 자기 힘과 능력으로 가질 수 없는 것을 받는 것입니다. 우리가 가질 수 없는 것을 가지는 방법은 선물로 받는 것 밖에는 없습니다. 무가치해서가 아닙니다. 너무나 귀해서, 도저히 지불할 수 없는 것이기에 거저 받는 수밖에 없는 것이죠.

우리가 받은 구원이 그러합니다. 우리의 힘으로는 아무리 달려도 구원에 도달할 수 없습니다. 아무리 애를 써도 우리의 죗값은 해결되지 못합니다. 아무리 율법을 지키려 해

도 온전히 지킬 수 없고, 아무리 연구하고 공부한들 하나님의 뜻을 다 알 수 없습니다. 그러기엔 우린 너무 악하고 너무나도 연약합니다. 하나님 앞에 설 때는, 우리의 의와 공로와 자격이 드러나는 것이 아니라, 우리의 죄와 비참함과 무능만이 드러날 뿐입니다. 구원이 아니라 심판 밖에는 받을 것이 없습니다.

마치 베데스다 못 주변의 사람들과 같습니다. 그들은 아무리 애쓰며 마음을 졸이고, 노력하며 힘을 내어도, 결코 병고침이라는 구원을 얻을 수가 없었습니다. 그들의 육체의 능력이 이를 감당할 수 없었습니다. 그들의 지성은 미신에 빠져 혼란 가운데 있었습니다. 어느 누구도 서로를 돕지 않았고, 도울 수도 없었습니다. 그들은 철저히 비참한 가운데 버려진 무능하고 무지한 자들이었습니다. 그들에게는 병고침이 필요했지만, 그들의 힘과 능력으로는 결코 병고침을 받을 수 없었습니다.

그래서 누군가가 그들의 조건과 상태와 상관 없이 그들에게 치료를 베풀어야 했습니다. 받을만한 자격도 능력도 없는 그들을 누군가가 거저 고쳐주어야 했습니다. 그것만이

능력이 없음을 깨닫고,[4] 복음이 약속하는 진리에 동의할 뿐만 아니라,[5] 죄 사함을 받기 위해서,[6] 그리고 구원받기 위해 하나님 보시기에 의롭다고 받아들여지며 간주되기 위해 복음에서 제안된 그리스도와 그리스도의 의를 받아들이고 의지합니다.[7]

1) 히 10:39. 2) 고후 4:13; 엡 1:17-19. 3) 롬 10:14, 17. 4) 행 2:37; 행 16:30; 요 16:8, 9; 롬 5:6; 엡 2:1; 행 4:12. 5) 엡 1:13. 6) 요 1:12; 행 16:31; 행 10:43. 7) 빌 3:9; 행 15:11.

▶ 73문답

문: 믿음이 죄인을 하나님 보시기에 어떻게 의롭게 합니까?

답: 믿음이 죄인을 하나님 보시기에 의롭게 하는 것은 믿음에 항상 따르는 다른 은혜들이나 믿음의 열매인 선행 때문이 아닙니다.[1] 또 믿음의 은혜 자체나 믿음에서 나오는 어떤 행위가 의롭다 함을 위해 죄인에게 돌려지기 때문도 아닙니다.[2] 믿음이 죄인으로 하여금 그리스도와 그리스도의 의를 받아들이고 적용하게 하는 유일한 도구이기 때문입니다.[3]

1) 갈 3:11; 롬 3:28. 2) 롬 4:5; 롬 10:10. 3) 요 1:12; 빌 3:9; 갈 2:16.

▶ **74문답**

문: 양자됨은 무엇입니까?

답: 양자됨은 하나님께서 독생자 예수 그리스도 안에서, 예수 그리스도 때문에[2] 죄인들에게 값없이 주시는 은혜의 행위입니다.[1] 하나님께서는 이 은혜의 행위로 말미암아 의롭다함을 받은 모든 사람을 하나님의 자녀로 받아 주시고,[3] 하나님의 이름을 그들에게 두시며,[4] 하나님의 아들의 영을 그들에게 주십니다.[5] 또 하나님께서는 그들을 아버지같이 돌보시고 다스리시며,[6] 하나님의 아들들이 누리는 모든 자유와 특권을 그들에게 허락하시고, 그들을 모든 약속을 받을 상속자요 그리스도와 함께 영광을 받을 상속자가 되게 하십니다.[7]

1) 요1 3:1. 2) 엡 1:5; 갈 4:4-5. 3) 요 1:12. 4) 고후 6:18; 계 3:12. 5) 갈 4:6. 6) 시 103:13; 잠 14:26; 마 6:32. 7) 히 6:12; 롬 8:17.

그들이 병고침을 받고, 비참한 현실에서 벗어나 구원받을 유일한 길이었습니다. 그들에게는 정말로 '은혜'가 필요했습니다. 38년 된 병자의 고통과 비참함의 본질을 아시는 주님께서, 이를 해결할만한 그 어떠한 능력도 자격도 없는 그에게 은혜를 베푸셨습니다. 그것이 은혜입니다. 이 은혜만이 살 길이었습니다.

주님께서 우리에게도 은혜를 베풀어 주셨습니다. 우리의 힘으로는 죄를 씻을 수 없고, 하나님의 율법을 다 지킬 수도 없습니다. 하나님께서 기뻐하시는 의를 이룰 수도, 얻을 수도 없습니다. 단 하나의 방법밖에는 없습니다. 주님께서 그 의를 우리에게 주셔야 하는 것입니다. 주님께서 십자가에서 우리의 죗값을 다 지불하시고 얻으신 그 의를 우리에게 주셔야 하며, 그가 부활하사 얻으신 새로운 생명을 우리에게 주셔야만 우리는 살 수 있습니다. 하여 하나님께서는 예수 그리스도 안의 그 의와 생명을 우리에게 주셨습니다. 이것이 은혜입니다. 그 무엇도 필요하지 않습니다.

## 자녀(양자)됨의 은혜

어떤 고아 아이가 값비싼 도자기를 실수로 깨뜨립니다. 당시 법이나 관습으로는 아이 또는 가족이 그 값을 배상해야 했고, 그렇지 않으면 그 아이는 벌을 받게 될 상황이었습니다. 그 도자기의 주인은 아이가 그 값을 갚을 능력과 상황이 전혀 되지 않음을 알고, '이 아이가 내 아들이 되면 내가 모든 책임을 질 수 있다'고 선언합니다. 이후 주인은 법적으로 그 아이를 자신의 자녀로 입양합니다. 그렇게 됨으로써, 아이의 실수와 빚은 아버지의 책임으로 완전히 전가되고, 아이는 벌을 면할 뿐만 아니라 새로운 신분을 얻게 되었습니다.

아이는 결코 스스로 누군가의 아들이 될 수 없었습니다. 방법은 단 하나, 바로 입양이었습니다. 그 주인이 입양해 주면 그 아이는 주인의 아들이 되고 그 상황에서 벗어날 수 있게 됩니다. 주님께서 우리에게도 이와 같은 은혜를 베푸셨습니다. 우리가 감당할 수 없던 그 죗값을 십자가의 죽음으로 감당하게 하시고, 우리를 당신의 자녀로 삼아 주셨습

▸ 75문답

문: 성화(점점 거룩하게 됨)는 무엇입니까?

답: 성화는 하나님의 은혜의 일입니다. 이 은혜로 말미암아 하나님께서는 세상을 창조하시기 전에 거룩하게 하시고자 택하신 사람들을, 정하신 때에, 성령님의 매우 힘 있는 역사를 통해,[1] 그리스도의 죽으심과 부활을 택함 받은 사람들에게 적용하시고,[2] 그들의 전 인격을 하나님의 형상대로 새롭게 하십니다.[3] 또한 하나님께서는 생명에 이르는 회개의 씨와 그밖에 다른 모든 구원의 은혜를 그들의 마음속에 두시고,[4] 그 모든 은혜를 일어나게 하시고, 증가시키시고, 강화시키셔서,[5] 그들이 죄에 대하여는 점점 더 죽고, 새 생명에 대해서는 살게 하십니다.[6]

1) 엡 1:4; 고전 6:11; 살후 2:13. 2) 롬 6:4-6. 3) 엡 4:23-24. 4) 행 11:18; 요1 3:9. 5) 유 1:20; 히 6:11-12; 엡 3:16-19; 골 1:10-11. 6) 롬 6:4, 6, 14; 갈 5:24.

▸ 76문답

문: 생명에 이르는 회개는 무엇입니까?

답: 생명에 이르는 회개는 성령과[2] 하나님의 말씀으로[3] 죄인의 마음에서 일어나는 구원의 은혜입니다.[1] 이 구원의 은혜로 말미암아 죄인은 자신의 죄가 지닌 위험만이 아니라[4] 더러움과 가증스러움을 봅니다.[5] 그리고 그리스도 안에 있는 하나님의 자비를 깨닫고 깊이 뉘우칩니다.[6] 이제 그는 자기 죄를 크게 슬퍼하고[7] 미워하여,[8] 그 모든 죄로부터 하나님께로 돌이키며,[9] 새롭게 순종하는 가운데 모든 일에서 하나님과 동행하는 삶을 자신의 목적으로 삼고 이를 위해 끊임없이 노력합니다.[10]

1) 딤후 2:25. 2) 슥 12:10. 3) 행 11:18, 20-21. 4) 겔 18: 28, 30, 32; 눅 15:17-18; 호 2:6-7. 5) 겔 36:31; 사 30:22. 6) 욜 2:12-13. 7) 렘 31:18-19. 8) 고후 7:11. 9) 행 26:18; 겔 14:6; 왕상 8:47-48. 10) 시 119:6, 59, 128; 눅 1:6; 왕하 23:25.

니다. 사랑으로, 오직 은혜로 우리가 그 은혜를 누리게 하셨습니다.

그러므로 진정한 은혜는 한순간의 감동이 아닙니다. 스치고 지나가는 흥분이나 즐거움과 같은 언제 휘발될지 모를 감정 따위가 아닙니다. 은혜는 나의 비참함과 죄악을 알게 하고, 하나님의 영광과 그 능력과 사랑을 깨닫게 합니다. 이후 올바른 믿음을 일으켜 하나님의 은혜로 말미암은 그 은혜에 합당한 새로운 삶, 즉 하나님의 자녀로서의 삶을 살게 합니다. 잠깐 왔다 가는 감정의 소용돌이가 아닌 것입니다. 우리의 존재(전인격)가 근본적으로 변화되는 오랜, 아니 영원히 지속될 순간들입니다. 이 궁극적인 변화의 원인이자 시작, 그 모든 상황의 바탕이 바로 은혜입니다.

여러분 은혜받으셨나요? 대체 어떤 은혜를 받으셨나요? 우리가 원하는 잘못된 은혜를 구하지 맙시다. 오직 주님이 주시는 그 은혜를 사모합시다. 그 궁극적인, 영원한 은혜를 사모합시다.

성경과 신앙고백으로 만나는 종교개혁 신앙

✚ 요 3:13-16

"하늘에서 내려온 자 곧 인자 외에는 하늘에 올라간 자가 없느니라. 모세가 광야에서 뱀을 든 것 같이 인자도 들려야 하리니, 이는 그를 믿는 자마다 영생을 얻게 하려 하심이니라. 하나님이 세상을 이처럼 사랑하사 독생자를 주셨으니 이는 그를 믿는 자마다 멸망하지 않고 영생을 얻게 하려 하심이라"

## 오직 믿음

**5 SOLA 4**

바리새인이며 존경받는 유대인의 지도자인 니고데모가 예수님을 밤 중에 찾아왔습니다(요 3:1). 그는 바리새인으로서 율법에 대한 지식과 준수가 뛰어났고, 그저 세속적인 성공과 권력을 누리는 '로마의 관원'이 아닌, 이스라엘 사람들의 존경을 받는 지도자였습니다. 또한 그는 나이가 많은 사람으로(요 3:4), 삶의 경험과 지혜와 지식이 풍성한, 장로와 같은 자였습니다.[6]

그러한 자가 밤에 예수님을 찾아온 것도 특별한데, 그가 예수님을 대하는 말과 태도는

---

6  김성수, 『요한복음설교1 태초에 말씀이 계시니라』, 마음샘, 2007, p186.

:하이델베르크:
:교리문답:

▸ 21문답

문: 참된 믿음이란 무엇입니까?

답: 참된 믿음은 하나님께서 그분의 말씀에서 우리에게 계시하신 모든 것을 진리로 받아들이는 확실한 지식이며,[1] 동시에 성령께서[2] 복음을 통해[3] 제 마음속에 일으키시는 굳은 확신입니다.[4] 이 확신은 순전히 은혜로, 오직 그리스도의 공로 덕분에 하나님께서 죄 사함과 영원한 의로움과 구원을[5] 다른 사람뿐만 아니라 저에게도 값없이 주심을[6] 믿

는 것입니다.[7]

1) 요 17:3; 롬 4:20-21; 히 11:1, 3; 약 1:6. 2) 마 16:17; 요 3:5; 행 16:14; 고후 4:13; 빌 1:19. 3) 막 16:15; 행 10:44; 16:14; 롬 1:16; 10:17; 고전 1:21. 4) 시 9:10; 롬 4:16-21; 5:1; 10:10; 엡 3:12; 히 4:16. 5) 눅 1:77-78; 요 20:31; 행 10:43; 롬 3:24; 5:19; 갈 2:16; 엡 2:8; 히 10:10. 6) 딤후 4:8. 7) 합 2:4; 롬 1:17; 갈 3:11; 히 10:38.

▸ **22문답**

문: 그러면 그리스도인은 무엇을 믿어야 합니까?

답: 복음에서 우리에게 약속된 모든 것을 믿어야 합니다.[1] 이 복음은 보편적으로 의심의 여지 없이 우리 기독교 신앙의 조항으로 받아들여지는 사도신경에 요약되어 있습니다.

1) 마 28:19-20; 막 1:15; 요 20:31.

※ 23-58문답은 사도신경에 대한 내용들입니다.

▸ **59문답**

문: 지금 이 모든 것을 믿

더욱 특별했습니다(요 3:2). 그는 예수님을 가리켜 '하나님께로부터 오신 선생'이라고 말합니다. 예수님의 가르침과 말씀이 사람의 지혜와 지식이 아니라 하나님의 지혜이며, 하나님의 말씀이라는 것을 깨달았고 인정한 것입니다. 또 '예수님께서 행하신 모든 표적이 하나님께서 함께하시는 증거'라고 말합니다. 예수님께서 행하신 많은 표적은 '하나님의 능력'과 '예수님이 하나님이시라는 사실'을 증거하는데 목적이 있었습니다. 니고데모는 표적의 궁극적인 목적에 가장 가까이 간 사람입니다. 당시의 유대인, 특히 바리새인들이 예수님을 향해 극심한 적대감을 가졌다는 사실을 생각한다면 그의 언행은 매우 특별했습니다.

그런 그가 예수님을 찾아온 여러 이유 중 가장 분명한 이유는 예수님께 급히 들어야 할, 자신의 인생을 좌우할만한 매우 중요하고 결정적인 질문이 있었기 때문이었을 것입니다. 아침까지 기다릴 수 없었던 것입니다.[7]

---

7   김성수, p186-87.

## 니고데모의 의심, 조심스러운 믿음의 발걸음

'밤'은 니고데모가 예수님을 찾아온 시간일 뿐만 아니라, 니고데모가 처한 상황을 암시합니다.[8] 그는 현재 깊은 어둠에 빠져 있습니다. 답을 얻지 못하면 헤어 나올 수 없는, 자신의 전 인생의 의미를 무너뜨리는 어둠에 둘러 싸여 있습니다. 그 어둠에서 벗어나기 위해, 이 땅에 빛으로 오신 예수님을 깊은 밤에 급히 찾아온 것입니다.

그 어둠이 무엇인지 그의 말에선 나타나지 않습니다. 그러나 사람의 중심을 보시는 예수님께서, 이미 니고데모의 마음과 그를 덮고 있는 어둠의 정체를 아셨습니다. 우리는 예수님의 말씀을 통해, 그를 둘러싼 어둠과 그가 던진 질문이 무엇인지 알 수 있습니다. 바로, "하나님의 나라를 볼 수 없는 것"(요 3:3)과 "하나님의 나라에 들어갈 수 없는 것"(5)이었습니다.

앞서 언급한 대로 니고데모는 많은 존경과 지지를 받는 유대인의 지도자였습니다. 만약

---

8    D.A 카슨, 『PNTC 주석 시리즈 요한복음』, 박문재 역, 솔로몬, 2017, p331.

으므로 당신이 얻게 되는 유익은 무엇입니까?

답: 이 모든 것을 믿으므로 저는 그리스도 안에서 하나님 앞에 의롭게 되며, 영원한 생명을 상속받게 됩니다.[1]

1. 합 2:4; 요 3:36; 롬 1:17.

▶ 60문답

문: 당신은 하나님 앞에서 어떻게 의롭게 될 수 있습니까?

답: 오직 예수 그리스도를 잠되게 믿으므로 의롭게 됩니다.[1] 비록 제가 하나님의 모든 계명을 크게 어겼고, 단 하나도 지키지 않았으며,[2] 여전히 악을 향해 달음박질하는 성향이 있다고[3] 제 양심이 저를 고소하지만, 하나님께서는 제가 세운 공로가 전혀 없음에도, 순전히 은혜로,[4] 그리스도께서 이루신 완전한 속죄와 그분의 의로우심과 거룩하심을 저의 것으로 여겨주십니다.[5] 심지어 하나님께서는 제가 죄지은 적이 없는 것처럼, 이 뿐만 아니라 그리스도께서 저를 위해 성취하신 모든 순종을 제가 온전히 행한 것처럼 여겨 주십니다.[6] 저는 다만 믿는 마음으로

만이 은혜를 받습니다.[7]

1) 롬 3:21-26; 5:1-2; 갈 2:16; 엡 2:8-9; 빌 3:9. 2) 롬 3:9-12; 약 2:10-11. 3) 롬 7:23. 4) 신 9:6; 겔 36:22; 롬 3:24; 엡 2:8; 딛 3:5. 5) 롬 4:24-25; 고후 5:21; 요일 2:1-2. 6) 롬 4:4-8; 고후 5:19. 7) 요 3:18; 롬 3:22.

▸ 61문답

문: 왜 당신은 오직 믿음으로만 의롭게 된다고 말합니까?

답: 하나님께서 저를 받아 주시는 것은 저의 믿음에 어떤 가치가 있어서가 아니라, 다만 그리스도의 속죄와 의로우심과 거룩하심이 하나님 앞에서 저의 의가 되기 때문이며,[1] 저는 오직 믿음으로만 이 의를 받아들이고 저의 것으로 삼을 수 있기 때문입니다.[2]

1) 고전 1:30; 2:2. 2) 롬 10:10; 요일 5:10.

**웨스트민스터 대교리문답**

▸ 58문답

문: 우리는 그리스도께서 획득하신 혜택들에 어떻

혈통과 공로, 행위와 지식으로 천국에 간다면 그중에 가장 먼저 천국에 들어갈 수 있는 사람이 다름 아닌 니고데모였습니다.

아마 그는 평생 동안 자신이 천국에 들어간다는 사실을, 자신은 물론 그 누구에게도 의심받지 않았을 것입니다. 그런데 그 니고데모가 지금 천국에 대한 확신이 흔들리고 있습니다. 자신이 평생을 통해 이루어 놓은 모든 것으로는 거기를 들어가기는커녕, 하나님의 나라를 볼 수 조차 없다는 사실을 깨달았던 것입니다.

당대에 수많은 유대인, 바리새인들이 알지 못했던 것을 그는 깨달았습니다. 많은 사람들이 율법을 잘 지키고, 공로를 쌓고, 특별한 혈통과 지식을 가지면 자기 힘과 능력으로 천국 가는 밝은 길을 걷는다고 믿었습니다. 그런데 니고데모는 실제로는 자신을 포함한 모두가 어둠에 갇혀 있음을 깨달았습니다. 사람이 이룩한 그 어떤 것도 자신을 천국으로 인도하지 못하고, 하나님의 나라를 보여주지 못한다는 것을 깨달은 것입니다. 예수님께서는 그렇게 고민에 잠긴 니고데모에게 하나님의 나라를 보여주시고, 그곳으로 들어가는 길을 알려 주셨습니다.

### 거듭남, 구원의 길

먼저는 '거듭남'입니다(요 3:3). '거듭남'은 말 그대로 다시 태어나는 것입니다. 많은 분들이 거듭남을 그저 어떤 성품이나 행동의 변화 정도로 여깁니다. 그러나 '변화'는 거듭남의 열매이자 결과이지 그 자체는 아닙니다. 먼저 태어나야 성장하며 변하는 것이죠. 거듭남은 태어남, 생명 그 자체에 관한 것입니다. 거듭, 즉 '다시 태어나다'는 표현에서 '다시'를 뜻하는 헬라어 '아노덴'은, '다시'(again)라는 의미도 있지만, 이 본문에서는 문맥상 '위로부터'(from above)라는 의미로 보는 것이 좋습니다. 즉, '거듭난다'는 것은, '위로부터 태어난다'는 것입니다.

우리는 아래, 즉 이 땅에서 육체의 생명으로 태어나 육체로 살아갑니다. 그런데 이 육체의 생명으로는 하나님의 나라에 갈 수 없습니다. 왜냐면 육체로는 죄를 범할 뿐이고, 또 죄를 범한 육체로는 죗값을 치를 수 없기 때문입니다. 거듭남은 새로운 생명으로 사는

거 참여할 수 있습니까?

답: 우리는 그리스도께서 획득하신 혜택들을 우리에게 적용하시는 성령 하나님의 특별하신 일을 통해[2] 그 혜택들에 참여하게 됩니다.[1]

1) 요 1:11-12. 2) 딛 3:5-6.

▸ 59문답

문: 누가 그리스도를 통해 얻는 구속에 참여합니까?

답: 구속은 그리스도께서 값 주고 사서 주고자 하신 모든 사람에게 확실히 적용되고 효과적으로 전해집니다.[1] 그들은 때가 되면 성령에 의해 복음을 따라 그리스도를 믿게 됩니다.[2]

1) 엡 1:13-14; 요 6:37, 39; 요 10:15-16. 2) 엡 2:8; 고후 4:13.

▸ 70문답

문: 칭의(의롭다 하심)는 무엇입니까?

답: 칭의는 하나님께서 죄인들에게 값없이 주시는 은혜의 행위입니다.[1] 즉 하나님께서는 죄인들의 모든 죄를 용서하시고, 그들 자신 그대로 하나님 보

것입니다. 육체의 생명, 이 땅의 생명이 아니라, '위로부터 오는 생명'으로 다시 태어나는 것입니다. 곧 하나님께서 주시는 생명으로 다시 태어나는 것입니다.

그러면 구체적으로 위로부터 오는 생명으로 거듭난다는 것은 무슨 의미일까요? 니고데모가 예수님께서 반문한 것처럼 다시 어머니의 뱃속으로 들어가는 것일까요?(4) 들어갈 수 없을 뿐만 아니라, 그런다 해도 그것은 육체로, 아래에서 다시 태어나는 것이지 하늘의 생명으로 태어나는 것이 아닙니다.

> 예수께서 대답하시되 진실로 진실로 네게 이르노니 사람이 물과 성령으로 나지 아니하면 하나님의 나라에 들어갈 수 없느니라(요 3:5)

'위로부터 오는 생명으로 거듭나는 것'은 '물과 성령'으로 새로운 생명을 받는 것입니다. 물은 더러운 것을 씻어 정결하게 합니다. 성령은 하나님께서 우리에게 주시는 생명, 영생의 근원이십니다. 죄 씻음 받고 성령으로 새롭게 되어, 그가 주시는 생명으로 사는 삶

---

시기에 의롭다고 받아들이시고 간주하십니다.[2] 이는 죄인들 안에 일어난 어떤 것이나 그들이 행한 어떤 일 때문이 아니라,[3] 다만 그리스도께서 이루신 완전한 순종과 충분한 만족을, 하나님께서 죄인들에게 전가하시고[4] 그들은 이를 오직 믿음으로 받음으로써 그러합니다.[5]

1) 롬 3:22, 24-25; 롬 4:5.
2) 고후 5:19, 21; 롬 3:22, 24-25, 27-28. 3) 딛 3:5, 7; 엡 1:7. 4) 롬 5:17-19; 롬 4:6-8. 5) 행 10:43; 갈 2:16; 빌 3:9.

\* 70문답의 '칭의'와 74문답의 '양자됨'은 '은혜의 행위act'로, 75문답의 '성화'는 '은혜의 일work'로 진술되었습니다. act는 단 한 번 일어나며, 그 즉시 효력이 발생한다는 의미를 담고 있고, work는 계속해서(죽을 때까지) 거룩해져 가는 일이 이루어져 간다는 의미를 담고 있습니다.

▸ 71문답

문: 칭의가 어떻게 하나님께서 값없이 주시는 은혜의 행위입니까?

답: 비록 그리스도께서는

이 바로 위로부터 오는 생명으로 거듭나는 것입니다.

**믿음, 거듭남의 길**

이제 니고데모가 예수님께 마지막 질문을 합니다. 그의 평생에 품었던 질문, 이 답을 얻기 위해 자신의 전력을 다해 평생 동안 수고했던 그 질문, 그리고 자신이 이미 답을 알고 있었으나 실제로는 전혀 그 답을 알지 못했던 그 질문을 주님께 드립니다.

그는 깊은 절망 가운데 있었습니다. 자신의 가진 것으로는 결코 하나님의 나라에 들어갈 수 없다는 것을 알았습니다. 그리고 하나님의 나라에 들어가려면 거듭나야 한다는 것도 알았습니다. 죄 씻음을 받아 하나님 앞에 정결해지고, 성령의 충만을 받아 새로운 생명으로 사는 것이 거듭남이라는 것도 알았습니다.

이제 니고데모가 예수님을 바라보며 질문합니다. 평생을 율법의 행위와 자기 의에 의지하여 살다가, 자신이 구원받지 못한 죄인이라는 사실을 깨달아 하나님 앞에 철저히 낮

의롭다 함을 받을 사람들을 대신하여 자신의 순종과 죽으심으로 하나님의 공의에 대해 적절하고 실제적이며 충분한 만족을 드리셨지만[1] 하나님께서는 사람들에게 요구될 보증으로부터 만족을 받으셔야 했습니다. 하나님께서 이 보증으로 자신의 아들이신 그리스도를 주시고,[2] 그리스도의 의를 그들에게 전가하셨습니다.[3] 그리고 그들을 의롭다 하실 때에 믿음 외에는 아무것도 요구하지 않으시는데,[4] 이 믿음 또한 하나님의 선물이므로[5] 그들이 의롭다 함을 받는 것은 하나님께서 그들에게 값없이 주시는 은혜입니다.[6]

1) 롬 5:8-10, 19. 2) 딤전 2:5-6; 히 10:10; 마 20:28; 단 9:24, 26; 사 53:4-6, 10-12; 히 7:22; 롬 8:32; 벧전 1:18-19. 3) 고후 5:21. 4) 롬 3:24-25. 5) 엡 2:8. 6) 엡 1:7.

▸ **72문답**

문: 의롭게 하는 믿음은 무엇입니까?

답: 의롭게 하는 믿음은 성령과[2] 하나님의 말씀으로 말미암아[3] 죄인의 마음속에서 일어나는 구원의 은혜입니다.[1] 이 구원의 은

혜로 말미암아 죄인은 자기 죄와 비참을, 그리고 자신과 다른 피조물들에게는 잃어버린 바 된 상태에서 스스로 회복할 수 있는 능력이 없음을 깨닫고,[4] 복음이 약속하는 진리에 동의할 뿐만 아니라,[5] 죄 사함을 받기 위해서,[6] 그리고 구원받기 위해 하나님 보시기에 의롭다고 받아들여지며 간주되기 위해 복음에서 제안된 그리스도와 그리스도의 의를 받아들이고 의지합니다.[7]

1) 히 10:39. 2) 고후 4:13; 엡 1:17-19. 3) 롬 10:14, 17. 4) 행 2:37; 행 16:30; 요 16 8, 9; 롬 5:6; 엡 2:1; 행 4:12. 5) 엡 1:13. 6) 요 1:12; 행 16:31; 행 10:43. 7) 빌 3:9; 행 15:11.

▶ 73문답

문: 믿음이 죄인을 하나님 보시기에 어떻게 의롭게 합니까?

답: 믿음이 죄인을 하나님 보시기에 의롭게 하는 것은 믿음에 항상 따르는 다른 은혜들이나 믿음의 열매인 선행 때문이 아닙니다.[1] 또 믿음의 은혜 자체나 믿음에서 나오는 어떤 행위가 의롭다 함을 위해 죄인에게 돌려지기 때문도

아지고 겸손해진 그가 질문합니다. 진리와 구원을 갈구하던 그 노인이 예수님께 거듭남의 길을 묻습니다.

> 니고데모가 대답하여 이르되 어찌 그러한 일이 있을 수 있나이까(요 3:9)

어떻게 해야 내가 거듭나 구원을 받고 하나님의 나라에 들어갈 수 있는지를 물어본 것입니다. 요즘은 이런 질문을 하지 않습니다. '주여 어떻게 하면 성공할 수 있을까요? 어떻게 하면 부자가 될 수 있을까요? 어떻게 하면 내가 원하는 것을 이룰 수 있을까요?'라고 질문합니다. 구원에 관한 진지한 질문은 교회에서도 찾기 어려워졌습니다. 그러나 이 질문의 답이야말로 인생의 의미와 가치, 미래의 영원한 생명을 결정하는, 우리가 믿는 기독교 신앙의 본질입니다. 하나님께서 예수님을 통해 우리에게 주시는 궁극적인 은혜이자 복입니다.

여러분, 주님께 이러한 질문을 하신 적이 있습니까? 우리도 늘 이렇게 질문을 해야 합

니다. 구원의 가치가 상실된 시대에, 우리는 우리의 구원의 문제에 보다 진지해야 합니다. 구원의 은혜를 가벼이 여긴다면 그건 기독교가 아닙니다. 나의 신앙을 늘 성찰하며 끊임없이 주님께 물어야 합니다. 그럴 때 예수님께서 니고데모에게 주셨듯이, 우리에게도 답을 주실 것입니다.

예수님께서는 "하늘에서 내려온 자 곧 인자 외에는 하늘에 올라간 자가 없느니라"(요 3:13)고 대답하셨습니다. 오직 예수님만이 하나님의 아들로서 하나님의 나라에서 오셨으니, 오직 예수님만이 하나님의 나라로 올라가실 수 있다는 말입니다. 다시 말해 그에게만 하나님의 나라로 들어가는 방법과 권세가 있다는 것이고, 결국 그가 하나님의 나라로 들어가는 길이라는 것입니다.

이후 놋뱀 이야기를 통해 당신께서도 십자가에 달려 높이 들리실 것임을 말씀하십니다(요 3:14). 예수님도 십자가에 달려 높이 들리실 것입니다. 그리고 거기서 죽으심으로 하나님의 영광을 드러내시고, 더 높이 영광 가운데 올라가실 것입니다. 부활하셔서 죽음을

아닙니다.[2] 믿음이 죄인으로 하여금 그리스도와 그리스도의 의를 받아들이고 적용하게 하는 유일한 도구이기 때문입니다.[3]

1) 갈 3:11; 롬 3:28. 2) 롬 4:5; 롬 10:10. 3) 요 1:12; 빌 3:9; 갈 2:16.

• **80문답**

문: 참된 신자들은 자신들이 은혜의 상태에 있고, 은혜의 상태에서 견인하여 구원에 이를 것을 틀림없이 확신할 수 있습니까?

답: 그리스도를 참되게 믿고, 그리스도 앞에서 모든 선한 양심으로 행하고자 애쓰는 사람들은[1] 비상한 계시가 없어도, 하나님의 약속의 진실함에 근거한 믿음으로, 생명의 약속을 받은 것을 그들이 분별할 수 있게 하시며,[2] 그들이 하나님의 자녀임을 그들의 영혼에 증거하시는 성령으로 말미암아,[3] 자신들이 은혜의 상태에 있고, 은혜의 상태에서 견인하여 구원에 이를 것을 틀림없이 확신할 수 있습니다.[4]

1) 요1 2:3. 2) 고전 2:12; 요1 3:14, 18-19, 21, 24; 요1 4:13, 16; 히 6:11-12. 3) 롬 8:16. 4) 요1 5:13.

이기시고 승천하셔서 하나님의 보좌 우편에 계실 것입니다.

바로 그 예수님을 '믿는' 자마다 거듭나 영생을 얻습니다(요 3:15). 그분 안에 영생이 있기 때문입니다. 우리말 성경에는 빠져 있지만, 원문에는 요한복음 3장 15절의 '영생'이라는 단어 앞에, '그 안에'(엔 아우토, in him)라는 말이 있습니다. 그분, 예수님 안에 거듭남의 모든 것이 있습니다. 사람이 결코 스스로 얻을 수 없는 그 거듭남의 모든 은혜와 능력이 그분 안에 있습니다. 우리가 그를 구주로 믿을 때 예수님께서 이 생명을 주십니다.

그것 외에 그 어떤 것도 하나님께서 요구하지 않으십니다. 그 어떤 것도 거듭남의 조건이 되지 못합니다. 하나님께서는 자기 아들을 십자가에 죽기까지 내어주셨습니다. 그 아들에게 우리의 모든 죗값을 맡기셨고, 그 아들을 믿는 자마다 그가 누구든지 멸망하지 않고 영생을 얻게 하셨습니다. 이것이 하나님의 은혜요 사랑입니다. 믿음은 이 모든 것을 얻을 수 있는 유일한 길입니다.

바울은 누구보다 이 사실을 잘 알고 있었습니다. 그에게 복음은 '모든 믿는 자에게 구원을 주시는 하나님의 능력'이었습니다(롬 1:17). 교회를 향한 그의 수많은 편지에는, 우리가 의롭게 되는 것은 오직 예수 그리스도를 믿음으로 말미암는다는 사실이 늘 강조됩니다(롬 3:28, 갈 2:16, 빌 3:9…). 에베소 교회를 향한 그의 권면에는 믿음으로 인한 구원과 그것이 하나님의 선물이라는 점이 잘 드러납니다(엡 2:8).

믿음은, 우리의 힘과 능력으로 할 수 없는 것을 가능하게 합니다. 믿음은 우리의 지성으로 깨달을 수 없는 것을 깨닫게 합니다. 우리가 결코 가질 수 없는 것을 가지게 합니다. 믿음은 우리의 힘을 넘어서는 능력이며, 우리의 이성을 넘어서는 지식이며, 우리의 자격을 초월하는 신분입니다. 믿음은 우리의 힘으로는 결코 불가능한 거룩과 구원을 가능하게 하고, 우리의 지성으로는 결코 깨달아 알 수 없는 하나님을 알게 합니다. 우리의 자격으로 결코 가질 수 없는 예수 그리스도의 의를 소유하게 합니다. 그러기에 '오직 믿음'입니다. 우리의 모든 연약함을 채우시고 우리를 온전케 하시는 하나님의 은혜의 통로입니다.

주님께서 그 믿음을 우리에게 주셨습니다. 그 믿음으로 거듭남을 주시고, 구원과 영생을 주셨습니다. 이보다 더 큰 감사의 제목이 어디에 또 있겠습니까! 하늘의 생명을 주신 주님께 늘 감사와 찬송을 올려드립시다. 날마다 거듭남의 새로운 삶을 살아갑시다.

✚ 롬 11:33-36

"깊도다 하나님의 지혜와 지식의 풍성함이여, 그의 판단은 헤아리지 못할 것이며 그의 길은 찾지 못할 것이로다. 누가 주의 마음을 알았느냐 누가 그의 모사가 되었느냐. 누가 주께 먼저 드려서 갚으심을 받겠느냐. 이는 만물이 주에게서 나오고 주로 말미암고 주에게로 돌아감이라. 그에게 영광이 세세에 있을지어다. 아멘"

# 오직 하나님께 영광

**5 SOLA 5**

로마서 11장 33-36절은 찬양입니다. 바울은 로마서 1장부터 11장까지의 내용을 통해 기독교 신앙의 본질을 설명합니다. 그리고 12장부터는 그 진리의 복음으로 살아가야 하는 신자의 삶, 곧 교회로 함께 모여 드리는 예배와 각자가 삶으로 드리는 예배에 대해 설명합니다. 그러므로 이 찬양은 앞에서(1-11장) 설명된 복음의 결론이자 정수이며, 이제부터(12-16장) 설명할 성도의 예배와 삶의 서론입니다.

## 올바른 복음 위에서 시작되는 참된 찬송

우리가 하나님께 올려 드리는 찬양은 단순한 노래가 아닙니다. 음악이 중요하긴 하지만 음

---

**하이델베르크 교리문답**

▸ 6문답

문: 그러면 하나님께서 사람을 그렇게 악하고 패역하게 창조하셨습니까?

답: 결코 그렇지 않습니다. 하나님께서는 사람을 선하게,[1] 하나님의 형상대로[2] 참으로 의롭고 거룩하게 창조하셨습니다.[3] 이는 사람이 그를 창조하신 하ㅡ님을 바르게 알고, 마음을 다해 사랑하며, 하나님과 함께 영원한 복락 가운데 살고, 하나님께 영광과 찬양을 드리게 하기 위함입니다.[4]

1) 창 1:31. 2) 창 1:26-27. 3) 엡 4:24; 골 3:10. 4) 시 8:4-9; 계 4:11.

• **86문답**

문: 우리가 우리의 공로는 조금도 없이 그리스도로 말미암아 오직 은혜로 우리의 비참함에서 구원을 받았는데, 우리는 왜 여전히 선행을 해야 합니까?

답: 그리스도께서 그분의 보혈로 우리를 구속하셨을 뿐만 아니라 그분의 성령으로 우리를 새롭게 하여 그분의 형상을 닮게 하시므로, 우리가 우리의 삶 전체를 통해 하나님께서 베풀어 주신 복에 대해 감사하고,[1] 우리를 통해 하나님께서 찬양받으시게 하며,[2] 우리 각 사람이 믿음의 열매로 우리 믿음에 대한 확신을 얻고,[3] 또한 우리의 경건한 삶으로 다른 사람들을 그리스도께 인도하기 위해서입니다.[4]

1) 롬 6:13; 12:1-2; 엡 2:10; 벧전 2:5, 9. 2) 마 5:16; 고전 6:19-20; 벧전 2:12. 3) 마 7:17-18; 갈 5:6, 22-23; 벧후 1:10. 4) 마 5:16; 롬 14:18-19; 벧전 3:1-2.

악이 찬양의 본질은 아닙니다. 찬양은 음악 그 이상이며 그보다 훨씬 더 위대하고 거룩하며 영광스럽습니다.

찬양은 하나님께서 우리에게 알려주시고 보여주신 복음에 대한 고백이며, 그 복음의 능력으로 사는 삶에 대한 결단이자, 새로운 삶의 시작입니다. 그것이 레위인들이 성전에서 불렀고, 신약 시대 사도와 성도들이 교회에 모여 불렀으며 지금 우리가 하나님께 드리는 모든 찬양의 본질입니다.

그러므로 말씀과 복음에 대한 이해와 믿음의 고백 없이 부르는 찬양은 공허할 수밖에 없습니다. 믿음에 합당한 삶을 살려는 결단과 그러한 삶의 모습이 이후로 나타나지 않는다면 찬양은 그저 우리를 스치고 지나가는 어느 한 노래에 불과하게 됩니다. 찬양은 하나님을 아는 신학의 열매이고, 믿음대로 사는 삶의 뿌리입니다.

그러므로 우리가 참된 찬송을 부르려면 먼저 복음 앞에 서야 합니다. 복음 가운데 하나님의 영광을 보고 깨달으며, 그 복음의 능력을 실제로 삶 가운데 경험해야 합니다. 그

때에야 비로소 진정한 찬송, 즉 우리의 마음과 뜻과 몸과 힘을 다해 '오직 하나님께만 영광'을 올려 드릴 수 있습니다.

**복음, 우리를 구원하시는
하나님의 그 지혜와 지식의 풍성함**

말미에 나오는 찬양에 앞서, 로마서 11장은 전반적으로 유대인과 이방인을 향한 하나님의 구원의 경륜을 묘사합니다. 바울은 로마에 있는 그리스도인들에게 유대인들이 메시아를 거부했지만, 그것이 하나님의 언약의 실패가 아님을 주지시킵니다. 하나님께서는 그들을 잠시 완고한 대로(우둔하게) 두셨고, 그로 인해(그들의 넘어짐으로 인해) 구원이 이방인에게까지 이르렀음을 말합니다. 이방인들은 이스라엘의 불순종 때문에 긍휼을 입었고(30), 지금은 잠시 넘어진 이스라엘도 이후 이방인들이 받은 긍휼로 인해 긍휼을 얻게 됩니다(31). 자연스럽게 유대인과 이방인 모두를 구원하시는 하나님의 지혜와 인간의 연약함이 대비됩니다. 모든 사람에게 긍휼을 베푸시려는 하나님의 지혜(32)와 우둔해진 이스라엘(7), 접

▶ **91문답**

문: 선행은 무엇입니까?

답: 참된 믿음으로,[1] 하나님의 율법을 따라서,[2] 그리고 하나님의 영광을 위하여[3] 행한 것만 선행이라고 합니다. 우리 자신의 생각이나 사람의 계명에 근거한 것은 선행이 아닙니다.[4]

1) 롬 14:23; 히 11:6. 2) 레 18:4; 삼상 15:22; 엡 2:10. 3) 고전 10:31. 4) 신 12:32; 사 29:13-14; 겔 20:18-19; 마 15:7-9.

---

* 편집자주: 이후 116-129문답은 주기도문을 다루며, 이를 하나님께 드리는 감사의 가장 중요한 부분으로 본다. 하이델베르크 교리문답과 웨스트민스터 대교리문답에서 주기도문을 다루는 부분 전체를 읽어보길 권한다.

▶ **116문답**

문: 그리스도인에게 왜 기도가 필요합니까?

답: 기도는 하나님께서 우리에게 요구하시는 감사의 가장 중요한 부분이고,[1] 하나님께서는 진실한 마음으로 쉬지 않고 은혜와 성령을 간절히 구하며, 은혜와 성령을 베풀어 주시는 하나님께 감사하는

사람에게만 당신의 은혜와 성령을 주실 것이기 때문입니다.[2]

1) 시 50:14-15; 살전 5:17-18.  2) 마 7:7-8; 눅 11:9-10, 13.

▶ **128문답**

문: 당신은 이 기도를 어떻게 마칩니까?

답: "나라와 권세와 영광이 아버지께 영원히 있사옵나이다."로 마치며, 이러한 간구입니다. "우리의 왕이시요, 만물에 대한 권세를 가지신 주님은 우리에게 모든 좋은 것을 주기 원하시며, 또한 주실 수 있는 분이시기에 우리는 이 모든 것을 주님께 구하옵니다.[1] 이로써 우리가 아니라 주님의 거룩한 이름이 영원히 영광 받으시옵소서."[2]

1) 대상 29:10-12; 롬 10:11-13; 벧후 2:9.  2) 단 7:14, 27, 시 115:1; 렘 33:8-9; 요 14:13; 계 5:12.

붙임을 받은 이방인들의 오만함(20, 높은 마음)이 대조를 이루는 것이죠. 우리의 어리석음을 통해 하나님의 영광이 드러난다는 사실이 아이러니하지만, 그럼에도 이 소식은 우둔하고 때론 오만한 우리에게 위로와 소망이 됩니다. 이것이 로마서 11장이 말하는 복음, 즉 우리를 구원하시는 하나님의 지혜와 지식의 풍성함입니다. 이후에 등장하는 33-36절은 이 위로와 소망에 대한 찬양입니다.

바울은 먼저 놀라우신 하나님의 영광을 선포합니다. "깊도다 하나님의 지혜와 지식의 풍성함이여!"(33). 하나님의 풍성함과 지혜와 지식은 깊습니다. 이 '깊이'는 그 바닥을 알 수 없는 심연입니다. 그 깊이와 너비와 크기를 가늠조차 할 수 없고, 그 안에 얼마나 많은 것들이 담겨 있는지 상상조차 할 수 없습니다.

만물이 그분에게 존재의 근원을 두고 생명과 운동력을 공급받아도 전혀 다하거나 모자람이 없습니다. 또한 만물의 존재의 원리와 그 목적과 방향을 교훈하시는 하나님의 지혜는 완전하십니다. 만물이 조화를 이루며 질서를 따라 살아가게 하시는 그 지식에 전혀 오류가 없으십니다. 그러므로 사람을 비롯한 모든 피조물은 오직 하나님 안에서만 존재하며 유지됩니다.

그러나 우리는 가난합니다. '가난'보다 우리 자신을 더 잘 설명하는 단어가 또 있을까요? 재산의 부족만이 아닙니다. 우리는 우리의 지혜와 지식, 힘과 능력에 있어서도 가난합니다. 믿음이 가난하여 하나님을 전적으로 신뢰하지 못하고, 마음이 가난하여 사랑이 부족합니다. 수없이 쏟아지는 인생에 관한 조언들 중 어느 것도 우리에게 완전한 의미와 교훈이 되지 못합니다. 좀 더 나은 삶을 위해 끊임없이 지식을 모으고 연구하고 고민하고 꾀를 내어도, 우리는 끝내 완전한 해답을 찾지 못합니다. 삶 가운데 끊임없이 욕망하지만, 단 한 번도 완전한 만족을 누리지 못하는 우리는 본질적으로 궁핍한 존재입니다.

그래서 우리의 능력으로는 하나님의 판단을 헤아리지 못하며, 하나님의 길을 찾지 못합니다(33b). 오히려 하나님께서 우리의 판단을 헤아리셔서 우리의 오류를 수정해 주십니다. 우리가 바른 판단을 내리고 옳은 길을

> 웨스트민스터
> 대교리문답

▶ 1문답

문: 사람의 첫째가며 가장 높은 목적은 무엇입니까?

답: 사람의 첫째가며 가장 높은 목적은 하나님을 영화롭게 하고,[1] 마음을 다해 하나님을 영원토록 즐거워하는 것입니다.[2]

1) 롬 11:36; 고전 10:31. 2) 시 73:24-28; 요 17:21-23.

▶ 7문답

문: 하나님께서는 어떤 분이십니까?

답: 하나님께서는 영이신데,[1] 본래부터 그리고 스스로 그 존재와[2] 영광과[3] 복되심과[4] 완전하심이[5] 무한하십니다. 그래서 자족하시고,[6] 영원하시며,[7] 불변하시고,[8] 우리 이해를 초월하시며,[9] 모든 곳에 계시고,[10] 전능하시며,[11] 모든 것을 아시고,[12] 지극히 지혜로우시며,[13] 지극히 거룩하시고,[14] 지극히 공의로우시고,[15] 지극히 자비롭고 은혜로우시며, 오래 참으시며, 인자하심과 진실하심이 풍성

하십니다.[16]

1) 요 4:24. 2) 출 3:14; 욥 11:7-9. 3) 행 7:2. 4) 딤전 6:15. 5) 마 5:48. 6) 창 17:1. 7) 시 90:2. 8) 말 3:6; 약 1:17. 9) 왕상 8:27. 10) 시 139:1-13. 11) 계 4:8. 12) 히 4:13; 시 147:5. 13) 롬 16:27. 14) 사 6:3; 계 15:4. 15) 신 32:4. 16) 출 34:6.

### ▶ 8문답

문: 하나님께서 여러 분 계십니까?

답: 하나님께서는 오직 한 분이시며, 살아계시고 참되십니다.[1]

1) 신 6:4; 고전 8:4, 6; 렘 10:10.

### ▶ 9문답

문: 하나님의 신격에는 몇 위가 계십니까?

답: 하나님의 신격에는 삼위, 곧 성부, 성자, 성령이 계십니다. 각 위person의 고유성은 서로 구별되지만 이 삼위는 참되시고 영원하신 한 하나님이시며, 본질이 같고 권능과 영광을 동등하게 가지십니다.[1]

간다면 그것은 전적인 하나님의 은혜일 뿐입니다.

우리는 하나님의 마음을 다 깨닫지 못하여(34a) 늘 하나님의 마음을 아프게 합니다. 그러나 하나님께서는 우리의 마음을 아시고 위로하시며 의로 인도하십니다. 우리는 하나님의 모사, 조언자가 될 수 없습니다(34b). 그런 능력이 우리에게는 없습니다. 하나님이 우리의 조언자이십니다. 그의 말씀 속에 모든 지혜와 지식이 충만하기 때문입니다.

모든 것이 다 하나님의 것인데, 누가 하나님께 먼저 드리고 이후에 대가를 요구할 수 있겠습니까(35)! 우리는 얕은 꾀로 하나님께 무언가를 드리고 하나님을 조종하여 내가 원하는 무언가를 얻으려고 합니다. 그러나 가장 부요하신 하나님은 우리에게 아무런 대가를 요구하지 않으십니다. 당신의 사랑과 자비를 우리에게 늘 거저 주십니다.

이는 만물이 주에게서 나오고 주로 말미암고 주에게로 돌아감이라. 그에게 영광이 세세에 있을지어다. 아멘(롬 11:36)

오직 주님만이 만물의 근원과 현재요, 미래이십니다. 모든 영광은 오직 주님께만 있습니다. 그러므로 하나님의 영광은 완전하여 우리가 더할 것이 없습니다. 우리의 부족함으로 인해 가려질 수도 없습니다. 어거스틴의 고백처럼, 하나님의 영광 앞에 우리가 할 일은 마치 바다 앞에 서 있는 아이의 행동과 같습니다. 아이가 아무리 물을 부어도 바다에 물이 더해지지 않고, 아무리 물을 퍼 옮겨도 그 바다는 줄지 않습니다. 아이는 그저 바다를 보고, 그 안에 잠겨 즐기며 놀 뿐입니다. 우리도 그러면 됩니다. 우리가 하나님의 영광을 대하는 태도와 자세는 그 영광을 보고 감탄하며, 그에 대한 감사와 찬송을 올려 드리고, 그 안에 잠겨 모든 복락을 누림과 동시에 그 영광을 전하는 것입니다.

## 하나님의 영광에 대한 오해

우리는 '오직 하나님께 영광'이라는 말을 종종 오해합니다. 이를 마치 '가문의 영광'과 같은 식으로 이해합니다. 내가 잘하면 가문이 영광을 누리고 내가 못하면 가문이 치욕을

1) 요1 5:7; 마 3:16-17; 마 23:19; 고후 13:14(한글 성경은 고린도후서 13장이 13절에서 끝나는데, KJV 본문에서는 14절로 나옵니다: The grace of the Lord Jesus Christ, and the love of God, and the communion of the Holy Spirit be with you all. Amen.); 요 10:30.

▸ **12문답**

문: 하나님의 작정은 무엇입니까?

답: 하나님의 작정은 하나님의 뜻대로 계획하신 지혜롭고, 자유롭고, 거룩한 행위입니다.[1] 이로 말미암아 하나님께서는 영원 전에, 자신의 영광을 위해, 일어나는 모든 일, 특별히 천사와 사람에 관한 일을 불변하게 미리 정하셨습니다.[2]

1) 엡 1:11; 롬 11:33; 롬 9:14-15, 18. 2) 엡 1:4, 11; 롬 9:22-23; 시 33:11.

▸ **14문답**

문: 하나님께서는 자신의 작정을 어떻게 이루십니까?

답: 하나님께서는 절대 확실한 예지와 자신이 뜻하

신 자유롭고 불변하는 계획에 따라서 창조와 섭리의 일로 자신의 작정을 이루십니다.[1]

1) 엡 1:11.

▶ 15문답

문: 창조의 일은 무엇입니까?

답: 창조의 일은 하나님께서 태초에 자신의 영광을 위해 권능의 말씀으로 엿새 동안 아무것도 없는 가운데서 모든 것을 만드신 것인데, 만드신 모든 것이 매우 좋았습니다.[1]

1) 창 1; 히 11:3; 잠 16:4.

▶ 18문답

문: 하나님의 섭리의 일은 무엇입니까?

답: 하나님의 섭리의 일은 모든 피조물을 더 없는 거룩하심과[1] 지혜와[2] 권능으로 보존하시고[3] 통치하시는 것입니다.[4] 하나님께서는 자신의 영광을 위해[6] 모든 피조물과 그들의 모든 행위를 다스리십니다.[5]

1) 시 145:17. 2) 시 104:24; 사 28:29. 3) 히 1:3. 4) 시

당하는, 나로 인해 가문의 영광이 좌지우지되는 것처럼 생각합니다.

그러나 하나님의 영광은 그렇지 않습니다. 나에 의해 하나님의 영광과 치욕이 결정되는 것이 아닙니다. 왜냐면 하나님은 하나님이시기 때문입니다. 하나님은 사람도, 우리가 만들어낸 우상도 아닙니다. 하나님의 영광은 사람에게 달려있지 않습니다. 그저 하나님께서는 자신의 영광을 드러내실 뿐입니다.

우리가 하나님께 영광을 올려 드리기 위한 삶을 살아야 하는 것은 분명합니다. 그러나 이는 부차적인 것입니다. 우리가 하나님께 영광을 올려드리기 때문에 하나님께서 영광을 받으시는 것이 아닙니다. 하나님은 본디 그 존재 자체가 영광스러우십니다. 이는 하나님의 내재적, 즉 그 고유의 신적 속성입니다. 주께서 그 영광의 빛을 우리에게 비추어 주시기에, 우리는 그에 대한 반응으로 감사와 찬송을 올려 드리는 것입니다. 그런데 많은 사람들이 자기가 얻은 영광과 하나님의 영광을 동일하게 생각합니다. 심지어는 '자기 영광을 위한 삶'을 '하나님의 영광을 위한 삶'이

라고 교묘하게 포장합니다.

제가 학교에서 잠시 아이들을 가르칠 때의 일입니다. 공부를 잘하는 학생이 하나 있었습니다. 부모님의 신앙도 훌륭했습니다. 그런데 이 학생이 자꾸 부정행위를 저질렀습니다. 또 청소시간만 되면 사라지고, 나중에는 제게 청소에서 자신을 빼달라고 요구하기까지 했습니다. 미션스쿨이어서 일주일에 한 번 채플이 있었는데, 그 시간마저도 공부해야 한다며 빠지기 시작했습니다. 주일에 교회도 가지 않았습니다. 그 부모님이 제게 이렇게 말씀하셨습니다. "우리 아들은, 높은 성적으로 좋은 대학에 입학해서 하나님께 영광을 올려 드리기 위해 살아갑니다." 그 학생의 모든 일들을 말씀을 드렸지만, 그 부모님은 '하나님의 영광'이라는 말로 저의 얘기를 외면하셨습니다. 정말로 이것이 하나님께 영광을 올려드리는 삶일까요?

하나님은 스스로 영원히 완전하게 그리고 충만히 영광스러운 분이십니다. 어느 누구도, 그 무엇도 하나님의 영광에 영향을 끼칠 수 없습니다. 우리가 성공하는 모습을 통해 하

103:19. 5) 마 10:29-31; 창 45:7. 6) 롬 11:36; 사 63:14.

▸ 111문답

문: 제3계명은 무엇입니까?

답: 제3계명은 "너는 네 하나님 여호와의 이름을 망령되게 부르지 말라 여호와는 그의 이름을 망령되게 부르는 자를 죄 없다 하지 아니하리라"입니다.[1]

1) 출 20:7.

▸ 112문답

문: 제3계명에서 요구하시는 의무는 무엇입니까?

답: 제3계명에서 요구하시는 의무는, 하나님의 이름과 칭호와 속성과[1] 규례와[2] 말씀과[3] 성례와[4] 기도와[5] 맹세와[6] 서약과[7] 제비와[8] 하시는 일과[9] 그 외에 하나님 자신을 알리시고자 하는 것은 무엇이든지 하나님의 영광과[16] 우리와[17] 다른 사람들의 유익을 위하여[18] 거룩한 신앙고백과[14] 책임 있는 대화로[15] 생각과[10] 묵상과[11] 말과[12] 글에서[13] 거룩하고 경건하게 사용하라는 것입니다.

나님께서 영광을 받으실 수 있습니다. 그러나 그 성공이 하나님을 영광스럽게 하는 것이 아닙니다. 그 성공 가운데 하나님이 드러나시기에 하나님께 영광이 됩니다. 그 성공의 주관자가 하나님이시기 때문입니다. 따라서 우리가 실패했을 때도 하나님께서는 영광을 받으십니다. 우리가 실패했다고 하나님도 실패하신 것이 아니고, 우리가 수치를 당했다고 하나님의 영광에 먹칠을 하는 것도 아닙니다. 우리가 실패하더라도 그것이 하나님의 뜻이라면 하나님의 영광은 여전히 충만하고 찬란하게 드러납니다. 도리어 우리의 실패의 순간에, 그 걸음을 인도하신 하나님의 손길이 드러납니다. 그러니 언제나 우리를 위로하시며, 새로운 길로 인도하시는 하나님을 고백합시다. 우리의 악한 뜻과 열매 맺지 못할 고집을 '실패'라는 도구로 꺾으시고, 당신의 선한 길로 인도하시는 하나님의 사랑을 찬양합니다.

## 참된 행복, 오직 하나님께 영광

따라서 앞으로는 생각의 순서를 바꾸어 봅시다. 내가 만족할 때 하나님께서 영광을 받으

---

1) 마 6:9; 신 28:58; 신 29:2; 시 68:4; 계 15:3-4. 2) 말 1:14; 전 5:1. 3) 시 138:2. 4) 고전 11:24-25, 28-29. 5) 딤전 2:8. 6) 렘 4:2. 7) 전 5:2, 4-6. 8) 행 1:24, 26. 9) 욥 36:24. 10) 말 3:16. 11) 시 8. 12) 골 3:17; 시 105:2, 5. 13) 시 102:18. 14) 벧전 3:15; 미 4:5. 15) 빌 1:27. 16) 고전 10:31. 17) 렘 32:39. 18) 벧전 2:12.

▸ **184문답**

문: 우리는 무엇을 위해 기도해야 합니까?

답: 우리는 하나님의 영광을 추구하는 모든 것과[1] 교회의 안녕과[2] 우리 자신이나[3] 다른 사람들의 유익을 위해 기도해야 합니다.[4] 그러나 무엇이든지 부당한 것을 위해서는 기도하면 안 됩니다.[5]

1) 마 6:9. 2) 시 51:18; 시 122:6. 3) 마 7:11. 4) 시 125:4. 5) 요1 5:14.

▸ **196문답**

문: 주기도문의 맺음말이 우리에게 가르치는 것은 무엇입니까?

답: 주기도문의 맺음말인

시는 것이 아니라, 하나님의 영광 안에서 우리가 행복과 만족을 누리는 것입니다. 앞으로는 우리를 통해 하나님의 영광이 드러난다는 섣부른 생각은 내려놓읍시다. 그저 모든 상황 속에서 하나님의 영광을 바라보며 기쁨과 감사함으로 살아가면 됩니다.

'하나님의 영광을 위한 삶'은 '타인의 영광을 위한 삶', 심지어 '나 자신의 영광을 위한 삶'과도 전혀 다릅니다. 우리가 타인의 영광을 위해 살다 보면, 종종 나의 영광을 잃기도 합니다. 그를 위해 희생하고 양보하다가 뒤쳐지거나 손해를 보기도 합니다. 나 자신의 영광을 위해서만 산다면, 그저 성공과 인정에 매몰된 허무한 삶이 될지도 모릅니다. 하나님의 영광을 위한 삶은 그 완전하신 하나님의 영광을 바라보며, 그 영광스러우신 하나님의 복을 받아 누리는 삶입니다. 하나님 그분을 누리는 삶입니다. 여기에 진정한 평안과 행복이 있습니다.

사람은 나의 영광을 위해 다른 사람의 행복을 고려하지 않습니다. 내 만족과 기쁨을 위해 다른 누군가가 실패하거나 슬퍼할 수

"나라와 권세와 영광이 아버지께 영원히 있사옵나이다"는[1] 합당한 이유들을 가지고 우리의 간구를 더욱 강력히 주장해야 함을 가르칩니다.[2] 즉, 우리는 우리 자신이나 다른 어떤 피조물 안에 있는 가치로부터가 아니라 오직 하나님으로부터 비롯된 이유들을 가지고 하나님께 기도해야 합니다.[3] 또 영원한 주권과 전능하심과 영광스러운 위대하심을 오직 하나님께만 돌리는[5] 찬양을 하며 기도해야 합니다.[4] 하나님께서 우리를 도우실 수 있고 또 기꺼이 돕고자 하시기 때문에[6] 우리는 하나님께서 도와주실 것을 믿음으로 담대하게 간청할 수 있습니다.[7] 그리고 하나님께서 우리의 간구를 이루어 주시기를 잠잠히 의지해야 합니다.[8] 이것이 우리의 소원이요 확신임을 증언하기 위해 우리는 '아멘'이라고 말합니다.[9]

1) 마 6:13. 2) 롬15:30. 3) 간 9:4, 7-9, 16-19. 4) 빌 4:6. 5) 대상 29:10-13. 6) 엡 3:20-21; 눅 11:13. 7) 대하 20:6, 11. 8) 대하 14:11. 9) 고전 14:16; 계 22:20-21.

도 있고, 더 나아가 그래도 된다고까지 생각합니다. 그러나 하나님께서는 하나님의 영광과 자기 백성의 행복을 나누지 않으십니다. 하나님의 영광을 위해 자기 백성의 행복을 해치지 않으십니다. 하나님의 영광은 하나님의 백성의 행복이 됩니다. 주님은 당신의 영광과 우리의 행복을 동일시하시고 함께 이루어 가십니다. 하나님께서 영광 받으실 때, 우리도 가장 큰 행복과 기쁨과 만족을 누리게 하십니다.

다섯 솔라의 마지막 주제인 '오직 하나님께 영광'은 기독교 신앙의 궁극적 실천인 예배와 찬양에 대한 올바른 지침이자 핵심입니다. 결국 신자의 삶의 향방은 하나님의 영광을 늘 지향해야 합니다. 기독교 신앙의 모든 윤리적 과제 역시 이에 기반해야 합니다. 우리가 이웃을 내 몸같이 사랑하고자, 다시 말해 인류 공동체에 이바지하고자 고민하고 행동하는 모든 것이 하나님께 영광이 됩니다. 사랑이 펼쳐지는 곳에 그분의 영광이 드러납니다.

우리는 다섯 솔라를 종종 기독교 신앙의 엄격한 기준으로 읽곤 합니다. 다시는 잘못된 신앙으로 돌아가지 말 것을 천명하는 단호한 경고로 보기도 합니다. 하지만 무엇보다 다섯 솔라에는 올바른 구원의 길과 그 은혜가 어디서 오는지를 알려주는 복음의 핵심이 담겨 있습니다. 그 복음은 결국 우리를 참된 행복으로 이끕니다. 우리의 구원을 시작하고 완성하시는 하나님의 주권적 은혜야말로 우리의 참된 행복의 유일하고 영원한 토대이기 때문입니다. 우리의 그 어떤 무엇도 구원의 조건이 될 수 없습니다. 우리가 받은 은혜는 아무런 값없이 거저 받은 은혜입니다. 이 사실을 결코 잊지 맙시다. 우리의 영원한 평안과 안식이, 영원히 변함 없으신, 오직 하나님께 있음을 찬양합니다.

Gloria Dei vivens homo, vita autem hominis visio Dei.
하나님의 영광은 살아 있는 인간이며, 인간의 생명은 하나님을 보는 것이다.[9]

---

9   Adversus Haereses 4.20.7.

# 은혜의 정원

**초판 1쇄 발행** 2025년 10월 3일

**지은이** 이수환
**펴낸이** 박지나
**펴낸곳** 지우
**출판등록** 2021년 6월 10일 제399-2021-000036호
**이메일** jiwoopublisher@gmail.com
**인스타그램** instagram.com/jiwoopub
**페이스북** facebook.com/jiwoopublisher
**유튜브** youtube.com/@jiwoopub

**ISBN** 979-11-93664-12-4   03230

ⓒ 지우

- 이 책의 저작권은 저자 및 저자와 독점 계약한 지우에 있습니다.
- 신저작권법에 따라 보호를 받는 저작물이므로 무단 전재와 무단 복제를 금합니다.
- 이 책의 전부 또는 일부를 이용하려면 반드시 저자와 지우의 동의를 받아야 합니다.
- 잘못 만들어진 책은 구입하신 서점에서 교환해 드립니다.

\* 이 책에 나오는 도르트 신조 전문과 하이델베르크 교리문답 및 웨스트민스터 대교리문답 본문은 출판사 〈그 책의 사람들〉에서 번역한 본문을 허락을 받고 사용했습니다. 해당 전문은 https://cafe.naver.com/thepeopleofthebook에서 누구나 보실 수 있습니다. 또한 『도르트 신조 노트』(도르트 총회, 그 책의 사람들, 2017), 『도르트 신조 – 휴대용』(도르트 총회, 2018), 『하이델베르크 교리문답 – 휴대 암송용』(자카리아스 우르시누스, 2020), 『웨스트민스터 대교리문답 노트』(웨스트민스터 총회, 2017)를 통해서도 보실 수 있습니다.
\* 표지와 내지 디자인에는 Freepik의 무료이미지를 사용했습니다. Designed by Freepik.

## 지우

겸손하고 선한 그리스도인들을 위한
좋은 책을 만듭니다.